KB194565

복 있는 사람

오직 여호와의 율법을 즐거워하여 그 율법을 주야로 묵상하는 자로다.
저는 시냇가에 심은 나무가 시절을 좇아 과실을 맺으며 그 잎사귀가 마르지 아니함 같으니
그 행사가 다 형통하리로다. (시편 1:2-3)

가정예배는 자녀들이 하나님을 알아갈 수 있는 최고의 길이다. 이 책은 성경적이고 적실하며 유용하다. 가정예배가 주는 유익은 당신이 생각하는 것 이상이다. 이 책을 읽어 보라. 그 유익을 얻고 싶어 오늘부터 가정예배를 시작하게 될 것이다.

이규현 | 수영로교회 담임목사

가정예배는 단순하고 반복되는 일상을 가장 깊은 영원으로 세대를 이어가며 인도한다. 이 작은 특별한 책은 부모가 가정을 이끌 수 있도록 저자의 구체적이고 영적인 내용을 풍부하게 담고 있다. 책을 읽는 시간은 짧지만 꾸준한 삶으로 헌신을 요구한다. 자녀와 함께 예배하길 원하는 모든 이에게 권한다.

김병년 | 다드림교회 담임목사

책을 읽기 시작하면서 가정예배를 해야겠다고 다짐하게 되고, 다 읽고 나면 가정예배를 어떻게 하는지 발견하여 오늘부터 당장 시작하고 싶은 열망이 생겨난다. 세 시간이면 읽을 책이지만 우리 가정이 신앙 위에 세워지는 변화를 맛볼 것이다.

류응렬 | 와싱톤중앙장로교회 담임목사

도널드 휘트니가 참으로 요긴한 책을 썼다. 모든 기독교 가정과 그리스도인 부모에게 꼭 필요한 책이다.

알버트 몰러 Jr. | 서던 뱁티스트 신학대학원 총장

가족애를 끈끈히 하는 확실한 방법은 가정의 우선순위를 예배에 두는 것이다. 이 책은 휘트니가 부모(특히 아버지)들을 위해 내놓은 실제적 지침서다. '해야 한다'는 부담을 '할 수 있다'는 실행으로 바꾸어 준다.

짐 데일리 | 포커스 온 더 패밀리 대표

가정예배에 관한 책을 쓸 사람을 나에게 고르라고 한다면 단연 도널드 휘트니를 추천할 것이다. 그는 영성 계발 쪽으로 다년간의 경험과 지혜를 갖춘 사람이다. 그뿐 아니라 자신의 가정을 꾸준히 잘 이끈 아버지다. 이 책으로 준비하면 당신도 두려움이나 어색함이나 아쩔함 없이 가정예배를 인도할 수 있다. 당신의 가정을 변화시킬 수 있는 책이며, 당신도 그 변화가 반가울 것이다.
러셀 무어 | 서던 뱁티스트 신학대학원 석좌교수

아주 귀한 책이다. 휘트니는 우선 성경을 기반으로 가정예배에 대해 설득력 있게 설명한 뒤 역사 속의 사례를 들어 풍부하게 예증한다. 가정예배에 대한 잦은 질문과 흔한 반론에 대한 답까지 제시해 놓았다. 설득력 있고 실제적이며 무엇보다 실행 가능한 책이다.
테드 트립 | 『마음을 다루면 자녀의 미래가 달라진다』 저자

작지만 마음에 쏙 드는 책이다. 명확하고 성경적이고 실제적이다. 누구나 성경을 읽고, 기도하고, 찬송할 수 있도록 희망과 방향을 제시한다. 4장만으로도 책값이 아깝지 않다. 적극 추천한다!
마르다 피스 | 『나는 현숙한 아내이고 싶다』 저자

아주 중요한 주제에 대한 훌륭한 입문서다. 모든 기독교 가정에 추천한다.
팀 챌리스 | 『비주얼로 신학하기』 저자

이 중요한 분야에 기여해 준 휘트니에게 감사한다. 하나님이 이 책을 널리 쓰셔서 집집마다 가정예배를 견고히 세워 주시기를 기도한다.
대니얼 에이킨 | 사우스이스턴 뱁티스트 신학대학원 총장

어린 다섯 자녀와 드리는 가정예배는 우리 가족이 함께 하는 시간에서 늘 빼놓을 수 없는 부분이다. 우리 집은 벌써 몇 년째 이 책의 유익을 누리고 있다. 가정예배를 드리는 데는 물론 우리 아이들의 영성 계발에도 유용한 지침서다. 가정예배를 처음 드리는 가정이든 실천한 지 이미 오래된 가정이든, 어느 집에나 이 책을 적극 추천한다.

제이슨 K. 앨런 | 미드웨스턴 뱁티스트 신학대학원 총장

도널드 휘트니의 책에 또 한 번 감동한다. 이번에는 가정예배의 성경적이고 역사적인 기초를 제시했고, 가정예배 때 무슨 내용으로 어떻게 가족을 이끌지에 대한 실제적 지침도 덧붙였다. 아주 특별한 책이다. 그는 모든 영성 훈련의 유익을 아는 저자다.

미겔 누녜스 | 도미니카공화국 산토도밍고 국제침례교회 담임목사

가정에서 전능하신 하나님께 드리는 예배를 몰아낸 뒤로 우리는 혹독한 대가를 치르고 있다. 성경적이고도 접근하기 쉬운 이 책은 항거할 수 없는 동원령이다. 가족들에게 영향을 미치고 싶은데 어디서부터 시작해야 할지 모르는 수많은 그리스도인 부모에게 꼭 맞는 책이다. 주님과 교회를 사랑하여 이런 진리를 거침없이 전하는 도널드 휘트니 같은 이들로 인해 하나님을 찬양한다.

보디 바우컴 Jr. | 『남자, 가정을 품다』 저자

아주 요긴하고 위대한 역작이다.

데렉 토머스 | 리폼드 신학대학원 조직신학 및 역사신학 교수

오늘부터,
가정예배

Family Worship

Donald S. Whitney

오늘부터,
가정예배

도널드 휘트니 지음 | 윤종석 옮김

복 있는 사람

오늘부터, 가정예배

2017년 12월 26일 초판 1쇄 발행
2022년 7월 13일 초판 4쇄 발행

지은이 도널드 휘트니
옮긴이 윤종석
펴낸이 박종현

(주) 복 있는 사람
주소 서울특별시 마포구 연남동 246-21(성미산로23길 26-6)
전화 02-723-7183(편집), 7734(영업·마케팅)
팩스 02-723-7184
이메일 hismessage@naver.com
등록 1998년 1월 19일 제1-2280호

ISBN 978-89-6360-238-7 03230

이 도서의 국립중앙도서관 출판예정도서목록(CIP)은
서지정보유통지원시스템 홈페이지(http://seoji.nl.go.kr)와 국가자료공동목록시스템
(http://www.nl.go.kr/kolisnet)에서 이용하실 수 있습니다. (CIP 제어번호: 2017032973)

Family Worship
by Donald S. Whitney

당신의 가정을 작은 교회로 만들라.

___ 매튜 헨리 Matthew Henry

차례

머리말

얼마 전에 영국에 갔다가 BBC 라디오에서 나오는 보도를 들었습니다. 영국 정부에서 실시한 연구 결과를 토대로 하여, 텔레비전과 첨단기술 등의 영향으로 가족이 함께 보내는 시간이 거의 사라지다시피 했다는 내용이었습니다. 그 연구에 따르면, 가족들 간의 대화가 "알아듣기 힘들게 툭툭 내뱉는 단음절의 연속으로 전락했다"고 합니다. 그런데 이 딜레마에 처방된 해법이 무엇이었냐 하면, 정부에서 일련의 교육을 실시하여 가족끼리 함께 말하고 노는 법을 가르쳐야 한다는 것이었습니다.

그 보도를 듣고서 적어도 두 가지 생각이 즉시 떠올랐습니다. 첫째, '가정의 문제를 **정부**에서 인정할 정도라면 **정말** 심각한 상황이구나.' 둘째, '가족들이 시간을 함께 보내는 일이라면 정

부에서 제공하는 어떤 교육보다도 훨씬 좋은 계획이 하나님께 있는데.'

나는 집회에 강연이 있어서 영국에 간 것이었습니다. 하룻저녁은 탁자에 둘러앉아 어느 목사 가정의 이야기를 들었습니다. 지금은 고인이 된 그 목사는 마치 하나님께 더 좋은 계획이 없다는 듯이 행동하다가 그만 때를 놓치고 말았습니다. 목사의 부인이 내게 하는 말이, 자기 평생에 가장 아쉬운 일은 남편이 하나님께 매일 드려야 하는 가정예배를 인도하지 않다가 말기 암을 진단받고 나서야 시작한 것이라고 했습니다.

한 친구가 내게 보내온 다음 이야기와 위의 이야기를 대조해 보시기 바랍니다. 자신을 비롯한 다섯 남매가 부모의 50주년 결혼기념일 파티에서 했던 말을 그 친구는 이렇게 적었습니다.

우리 다섯 자녀는 사전 의논 없이 즉흥적으로 각자 한 가지씩 부모님께 감사를 표하기로 했다. 놀랍게도 다섯 모두 어머니께는 기도해 주신 것에 감사했고 아버지께는 가정예배를……인도해 주신 것에 감사했다. 형제 중 한 명이 말했다. "아버지, 저의 가장 오래된 기억은 『천로역정』을 읽어 주실 때 아버지의 얼굴에 흐르던 눈물입니다. 그렇게 아버지는 성령께서 신자들을 어떻게 인도하시는지를 일요일 저녁마다 우리에게 가르쳐 주셨지요. 제 나이 겨우 세 살 때 하나님은 가정예배를 드리는 아버지를 통해 기독교가 진정한 것임을 깨우쳐 주셨습니다. 나중에 멀리 방황할 때도 저는 기독교의 진정성을 심각하게 의심한 적이 없습니다. [현재 그는 교회 장로로 섬기고 있다.] 고맙습니다, 아버지."[1]

여러 연구를 통해 입증되고 있듯이, 교회에 다니는 청소년 중에 고등학교를 졸업하면 교회를 떠나는 비율이 높은 것이 현실입니다. 이는 지역교회에서 사역하면서 우리가 직접 경험하는 바입니다. 나는 이렇게 된 가장 큰 요인을 부모의 50주년 결혼기념일 파티에 모였던 위의 다섯 남매와 달리, 이 젊은이들에게는 어려서부터 가정예배를 드린 애틋한 기억이 대부분 없다는 데서 찾습니다. 그런 추억이 있다면 애초에 신앙을 떠나지 않을지도 모릅니다. 혹시 떠난다고 해도 그 기억 덕분에 마음을 돌이켜 나중에 다시 하나님을 찾을지도 모릅니다.

1800년대 영국의 위대한 침례교 설교자 찰스 스펄전[Charles Spurgeon]은 이 문제에 대해 이렇게 말했습니다.

형제들이여, 가족끼리 함께 기도하는 일이 어느 그리스도인에게나 더 흔하고 보편적이었으면 좋겠습니다. 부모는 그리스도인인데 자녀가 자라서 하나님을 경외하지 않는다는 말이 왕왕 들립니다. 자식들이 어찌 그리 잘못될 수 있느냐는 질문도 받습니다. 나로서는 가정예배를 소홀히 한 탓이 아닐까 싶어 우려될 때가 심히 많습니다. 그러니 설령 부모가 경건하다 해도 자녀가 조금이라도 그 영향을 받기가 어려운 것입니다.[2]

나는 오늘날 꾸준히 가정예배를 드리는 기독교 가정이 극히 드물다고 확신합니다. 내가 수백 교회에서 강연하며 직접 확인한 사실입니다. **최고의 교회들에 속한 최고의 남자들조차 대부분** 다만 10분이라도 가정예배를 인도하기는커녕 아내와 함께 (자녀가 있는 경우는 자녀도 함께) 기도도 하지 않습니다.

바나 연구소에서 실시한 조사도 그러한 현실을 뒷받침합니다.

13세 미만의 자녀를 둔 부모의 85퍼센트는 신앙과 영적 주제에 대해 자녀에게 가르칠 일차적 책임이 부모에게 있다고 믿는다. 그러나 대부분의 부모는 평소 일주일 중에 자녀와 함께 종교적 주제로 대화하거나 신앙적 자료를 공부하는 데 들이는 시간이

전혀 없다.…… 대체로 부모들은 자녀에게 필요한 신앙 훈련을
교회가 전부 맡아 주기를 바란다.[3]

기독교적 자녀양육을 위해서는 그리스도를 높이고 성경을 가르
치는 복음 중심의 지역교회에 가정이 꼭 속해 있어야 합니다. 하
지만 하나님에 대해 그리고 **당신의** 신앙에 대해 **당신의** 가족들에
게 가르치고 싶은 바를 다 전달하려면 그것만으로는 부족합니
다. 나아가 일주일에 한두 번 교회를 접하는 것으로는, 훗날 자
녀가 가정을 떠난 뒤에도 하나님을 추구하고 싶을 만큼 그분의
위대하심과 영광을 자녀에게 깊이 새겨 주기가 어렵습니다.

그래서 가정예배가 아주 중요합니다. 그런데 그보다 더 중요
한 것은, 하나님은 집집마다 매일 드리는 가정예배를 받으시기
에 **합당하신** 분이라는 점입니다.[4]

> 기독교적 자녀양육을 위해서는 그리스도를 높이고 성경을 가르치는
> 복음 중심의 지역교회에 가정이 꼭 속해 있어야 합니다. 하지만 하나
> 님에 대해 그리고 당신의 신앙에 대해 당신의 가족들에게 가르치고
> 싶은 바를 다 전달하려면 그것만으로는 부족합니다. 그래서 가정예
> 배가 아주 중요합니다.

1

나와 내 집은
여호와를 섬기겠노라

성경 속 가정예배

모든 가정은 교회가 되고 모든 가장은 영적 목자가 되어, 자녀에게 전해야 할
이야기를 잊어서는 안 된다.　　　　　　　　　　__ 요한 크리소스톰 John Chrysostom

성경에 가정예배에 대한 직접적이고 명시적인 계명은 없습니다.
그러나 하나님이 집집마다 매일 드리는 가정예배를 받으시기에
합당하신 분임은 성경에 분명히 암시되어 있습니다. 아울러 가
정예배의 실천도 성경 전체에 명백히 나와 있습니다. 다시 찰스
스펄전의 말을 인용해 보겠습니다.

　　내가 믿기로 이 자리에 앉아 그리스도를 따른다고 고백하는 이
　　들 중에 가정에서 함께 기도하지 않는 사람은 없을 것입니다.
　　가정에서 함께 기도하라는 명문화된 계명은 없어도 우리는 그
　　것이 복음의 본질과 정신에 온전히 부합하며, 앞서간 성도들의
　　모본을 통해서도 적극 권장된다고 믿습니다. 그래서 가정에서

함께 기도하는 일을 소홀히 하면 오히려 이상한 모순이 됩니다.[1]

아브라함

이것을 실천한 증거는 창세기 18:17-19에 나타난 대로 아주 까마득한 옛날부터 있었습니다. 주께서 두 천사와 함께 먼지투성이 길손의 모습으로 아브라함에게 나타나셨습니다. 일행을 대접하던 아브라함은 대화를 하던 중에 이 손님들의 정체를 점차 깨달았습니다. 특히 손님 한 명은 사라가 머지않아 아이를 임신할 거라고 말했는데, 이는 가임기를 넘긴 이 노부부에게 주께서 오래전에 약속하신 바였습니다. 다음은 주께서 소돔과 고모라를 멸하고자 두 천사와 함께 그쪽으로 떠나며 하신 말씀입니다.

……내가 하려는 것을 아브라함에게 숨기겠느냐. 아브라함은 강대한 나라가 되고 천하 만민은 그로 말미암아 복을 받게 될 것이 아니냐. **내가 그로 그 자식과 권속에게 명하여 여호와의 도를 지켜 의와 공도를 행하게 하려고 그를 택하였나니** 이는 나 여호와가 아브라함에게 대하여 말한 일을 이루려 함이니라.

아브라함 시대에 참되신 하나님께 참된 예배가 드려진 일이 흔

했다고는 말할 수 없습니다. 사실 주께서 언어를 혼잡게 하여 사람들을 흩으신 창세기 11장에 기록된 바벨탑 사건 이후로, 아브라함이 살던 성경의 그 시점에 아브라함의 가정 외에는 세상에서 참되신 하나님을 사랑한 사람을 찾기가 어렵습니다.[2] 하나님은 예전에 노아에게 하셨듯이 아브라함에게도 은혜로 자신을 계시하셨습니다. 그런데 보다시피 그분이 아브라함을 택하신 목적의 일부는 "그로 그 자식과 권속에게 명하여 여호와의 도를 지켜 의와 공도를 행하게" 하려는 데 있습니다.

아브라함은 그 일을 언제 했을까요? 그 일을 대신 맡길 대상은 없었습니다. 우리처럼 지역교회의 사역에 기댈 수도 없었습니다. 아브라함이 자녀에게 명하여 여호와의 도를 지키게 할 수 있는 유일한 방법은 집에서 하나님에 대해 가르치는 것뿐이었습니다.

사라와의 사이에 마침내 기적의 아기가 태어나자 아브라함은 주님의 도를 지키도록 집에서 이삭을 잘 교육하는 데서 그치지 않았습니다. 분명히 그는 이삭과 가족 전체를 인도하여 하나님을 **예배**했습니다.

창세기 22장에 기록된 아브라함과 이삭의 이야기에 그것이 명백히 암시되어 있습니다. 하나님은 아브라함을 시험하시고자 이삭을 제물로 바칠 것을 명하셨습니다. 이튿날 이 노인은 순종하여 새벽부터 모든 것을 갖추고, 장작까지 손수 패서 모리아 산으로 향했습니다. 그가 거기서 외아들을 제물로 바치려 한 것은 하나님을 믿었기 때문이고, 또 그분이 이삭을 죽은 자 가운데서 다시 살리실 줄로 확신했기 때문입니다(히 11:17-19).

이 이야기에 익숙한 이들은 알겠지만, 주께서 막판에 개입하여 숫양을 주어 이삭 대신 제물로 쓰게 하셨습니다. 그러나 창세기 22:6-7의 시점에서 아브라함은 아들을 죽여야 하는 고뇌를 주께서 말씀으로 면하게 해주실 줄은 몰랐습니다. 이 이야기에서 가정예배를 뒷받침해 주는 핵심 요소는 극적인 클라이맥스 이전에 이미 등장합니다. 둘이 산에 가서 제사를 드려 하나님을 예배할 것을 이삭도 알았습니다. (자신이 제물이라는 것만 아직 모를 뿐이었죠.) 아브라함과 이삭은 이틀 길을 가서 모리아 산기슭에 이르렀습니다. 다음은 그들이 여정의 마지막 구간을 준비하면서 나눈 대화입니다.

아브라함이 이에 번제 나무를 가져다가 그의 아들 이삭에게 지우고 자기는 불과 칼을 손에 들고 두 사람이 동행하더니 이삭이 그 아버지 아브라함에게 말하여 이르되 내 아버지여 하니 그가

이르되 내 아들아, 내가 여기 있노라. 이삭이 이르되 불과 나무
는 있거니와 번제할 어린 양은 어디 있나이까(창 22:6-7).

제사에 필요한 것 중 뭔가가 빠져 있음을 이삭은 어떻게 알았을
까요? 하나님을 예배하려면 불과 나무와 어린 양이 필요함을 그
는 어떻게 알았을까요? 어린 양을 번제로 드린다는 것은 또 어
떻게 알았을까요? 이삭이 이를 알았던 것은 틀림없이 하나님께
드리는 제사와 예배에 오래전부터 익숙해져 있었기 때문입니다.
이삭은 장작을 쪼개 제단에 쌓는 광경을 자주 보았을 것입니다.
불이 우지직 타들어 가는 소리를 들어 왔을 것이고, 어린 양을
하나님께 바칠 때 고기가 타는 냄새도 맡았을 것입니다. 그렇기
에 이삭은 하나님을 예배하는 데 한 가지가 없음을 알았습니다.
이는 틀림없이 아브라함이 가정을 인도하여 자주 하나님을 예
배한 결과였습니다.

모세
가정마다 자녀를 가르치도록 명한 성경 본문으로 가장 잘 알려
진 구절은 신명기 6:4-7에 기록된 모세의 말일 것입니다.

이스라엘아, 들으라. 우리 하나님 여호와는 오직 유일한 여호와 이시니 너는 마음을 다하고 뜻을 다하고 힘을 다하여 네 하나님 여호와를 사랑하라. 오늘 내가 네게 명하는 이 말씀을 너는 마음에 새기고 네 자녀에게 부지런히 가르치며 집에 앉았을 때에든지 길을 갈 때에든지 누워 있을 때에든지 일어날 때에든지 이 말씀을 강론할 것이며.

위의 말씀은 가정예배보다 훨씬 포괄적인 개념을 담고 있지만, 이 명령에 순종하는 데 가정예배가 요긴한 일익을 담당할 수 있습니다. 본문에서 말하고 있듯이 부모는 온갖 기회를 살려, 자녀들이 따로 있을 때든 모여 있을 때든 가리지 말고 자녀에게 하나님을 가르쳐야 합니다. 성경 시대는 물론 지금도, **자녀가 모두** 한 자리에 모인 상태에서 부모가 **꾸준히** 하나님을 가르치기에 가장 좋은 때는 바로 가정예배 시간일 것입니다.

여호수아

구약 시대 거의 내내 회중이 모이는 공예배가 얼마나 드물었는지 생각해 보셨습니까? 성막과 성전이 지어진 후에도 신자들은 자주 큰 무리로 모여 하나님을 예배하지 못했습니다. 바빌론 유

수 이후에야 지역별로 회당이 생겨나면서 매주 같이 모여 하나님을 예배하기 시작했습니다. 구약 역사의 말기이자 솔로몬이 성전을 건축한 지 수백 년 후였습니다. 물론 예수께서 오시고 성령을 부어 주신 뒤로, 지금은 신자들이 대부분 지역교회에 꾸준히 참석하여 하나님 가족의 일원으로서 풍성한 특권을 누리고 있습니다.

하지만 공예배가 꾸준하지 않던 시절에도 하나님은 지금만큼이나 예배를 받으시기에 합당하신 분이었습니다. 아브라함, 이삭, 야곱, 요셉, 모세, 여호수아 등 당대에 하나님을 믿고 사랑한 사람들도 지금의 신자들만큼이나 그분을 예배하기를 원했습니다. 그 점을 염두에 두고 여호수아 24장의 유명한 본문을 읽기 바랍니다. 모세의 위대한 후계자인 여호수아는 하나님의 백성을 약속의 땅으로 인도하여 수십 년 동안 지도자 역할을 했습니다. 생애 말년에 그는 하나님께 충실하라고 이스라엘 백성에게 다시금 권고했습니다. 여호수아 24:15을 보십시오. 그는 이렇게 공언했습니다.

만일 여호와를 섬기는 것이 너희에게 좋지 않게 보이거든 너희 조상들이 강 저쪽에서 섬기던 신들이든지 또는 너희가 거주하는 땅에 있는 아모리 족속의 신들이든지 너희가 섬길 자를 오늘 택하라. 오직 나와 내 집은 여호와를 섬기겠노라.

여호수아의 가정은 어떻게 여호와를 섬겼을까요? 지금의 우리처럼 그때도 주님을 섬기는 삶에서 빼놓을 수 없는 것이 예배였습니다. 그런데 그때는 공예배가 아주 드물었고, 그나마 백성 가운데 많은 이들은 성막까지 가는 데 며칠씩 걸렸습니다. 따라서 여호수아가 "나와 내 집은 여호와를 섬기겠노라"라는 다짐을 지키려면, 어떤 식으로든 가정예배를 꾸준히 드려야 했을 것입니다.

욥

욥기 첫머리에 나와 있듯이 욥은 하나님을 경외했고 자녀와 재산이 많았습니다. 욥기 1:4에 보면, 그의 일곱 아들은 각각 자기 집에서 잔치를 베풀었고 누이 셋도 초대했습니다. 잔치가 끝난 뒤의 일이 5절에 이렇게 설명되어 있습니다.

그들이 차례대로 잔치를 끝내면 욥이 그들을 불러다가 성결하게 하되 아침에 일어나서 그들의 명수대로 번제를 드렸으니 이는 욥이 말하기를 혹시 내 아들들이 죄를 범하여 마음으로 하나님을 욕되게 하였을까 함이라. 욥의 행위가 항상 이러하였더라.

이처럼 욥은 한 아들의 잔치가 끝날 때마다 자녀들을 불렀습니다. 그들이 다 모이면 그는 이튿날 아침 일찍 일어나 가정을 인도하여 하나님을 예배했습니다. 그들을 위해 주께 제사를 드린 것입니다.

아삽

시편 78:1-8은 아삽이 영감을 받아 기록한 시입니다. 성막 시대에 다윗 왕을 통해 음악 지도자 3인 중 한 명으로 임명된 아삽은 이렇게 적었습니다.

> 내 백성이여, 내 율법을 들으며
>> 내 입의 말에 귀를 기울일지어다.
> 내가 입을 열어 비유로 말하며
>> 예로부터 감추어졌던 것을 드러내려 하니
> 이는 우리가 들어서 아는 바요
>> 우리의 조상들이 우리에게 전한 바라.
> 우리가 이를 그들의 자손에게 숨기지 아니하고

여호와의 영예와 그의 능력과

그가 행하신 기이한 사적을

　　후대에 전하리로다.

여호와께서 증거를 야곱에게 세우시며

　　법도를 이스라엘에게 정하시고

우리 조상들에게 명령하사

　　그들의 자손에게 알리라 하셨으니

이는 그들로 후대

　　곧 태어날 자손에게 이를 알게 하고

그들은 일어나 그들의 자손에게 일러서

　　그들로 그들의 소망을 하나님께 두며

하나님께서 행하신 일을 잊지 아니하고

　　오직 그의 계명을 지켜서

그들의 조상들 곧 완고하고 패역하여

　　그들의 마음이 정직하지 못하며

그 심령이 하나님께 충성하지 아니하는 세대와 같이

　　되지 아니하게 하려 하심이로다.

하나님은 백성의 "조상[또는 아버지]들에게 명령하사"(5절) "여호와의 영예[를]……후대에 전하"게 하셨습니다(4절). 대부분의 주요 역본에는 **영예**라는 말이 '찬송'[3]이나 '칭송받을 행사'[4]로 옮겨져 있습니다. 아삽은 시편 78편의 나머지 구절에 하나님의 '찬송'의 예를 몇 가지 나열했습니다. 그중에는 그분이 이집트에서 또는 출애굽 도중에 행하신 기적들도 있고(9-53절), 이스라엘 백성이 약속의 땅에 들어간 뒤에 행하신 '칭송받을 행사'들도 있습니다(54-72절). 예를 들어 그분은 수시로 적을 무찌르셨고, 또 왕으로 뽑으신 다윗을 통해 이스라엘을 목양하셨습니다. 이렇게 하나님이 자기 백성을 위해 많은 "영예"를 행하셨으나 안타깝게도 아삽은 "그들이 광야에서 그에게 반항[함이]……몇 번인가"(40절)라고 토로했습니다. 역사에 충실하려면 그렇게 기록할 수밖에 없었습니다.

시편 78편에 하나님이 아버지들에게 명하여 이런 내용을 "후대에 전하게" 하신 것(4절)은 그들이 조상의 반항을 본받지 않고 "소망을 하나님께 두며 하나님께서 행하신 일을 잊지 아니하고 오직 그의 계명을 지키게"(7절) 하시기 위해서였습니다.

그렇다면 아삽이 언급한 조상들은 주님의 이 명령에 언제 순종했을까요? 아버지들은 주님의 '영예'와 '찬송'을 자녀에게 언제 가르쳤을까요?

물론 다윗 왕 시대의 아버지들은 화톳불이나 식탁에 둘러앉아 주님의 '칭송받을 행사'를 자녀에게 이야기로 들려주었을 수 있습니다. 그러나 '찬송'이란 예배 중에 가르치는 것이기도 합니다. 지금의 예배 인도자가 교회에서 이렇게 말할 때와 비슷합니다. "오늘은 새 찬송을 배워 볼 텐데요, 하나님을 예배하는 마음으로 함께 부르겠습니다."

　　아버지들은 '주님께 드리는 찬송'을 공예배에서 가르쳤을까요? 그럴 때도 있었을 것입니다. 그러나 본문의 말은 회중의 차원보다 친밀한 가족(즉 아버지와 자녀의) 차원에 더 어울려 보입니다. 게다가 앞서 보았듯이, 시편이 기록되던 당시에도 공예배는 우리의 생각보다 훨씬 뜸했으며, 그중 더러는 아버지를 나머지 가족들과 오히려 떼어 놓았을 것입니다. 설령 일가족이 같이 갔다 해도 거기가 성막 안은 아니었습니다. (시편 78편이 기록되던 때도 아직 성막 시대였습니다.) 성막은 오늘날의 웬만한 교회 건물보다 작았고 제사장들만 들어갈 수 있었습니다. 따라서 성막에 모인 이스라엘 백성이 전부 실내에 들어가기란 물리적으로 불가능했습니다. 다윗과 아삽 시대의 경우, 주요 절기가 되면 온 백성이 모여 하나님을 예배했는데, 그때는 수천 명이 바깥에 선 채로 모든 일이 이루어졌습니다.

요컨대 아삽이 시편 78편에 언급한 명령은 함께 모인 정황에서 시행되지 않았음이 거의 확실합니다. 그보다 아버지들이 그런 '찬송'을 자녀에게 집에서 가르쳤고, 그 가르침의 일부는 가정예배를 인도할 때 이루어졌습니다. 가정예배야말로 그들이 가장 꾸준히 경험할 수 있었던 단체 예배였습니다.

바울

신약으로 넘어오면, 에베소서 5:25-26에 기혼 남성들을 대상으로 한 이런 교훈이 나옵니다. "남편들아, 아내 사랑하기를 그리스도께서 교회를 사랑하시고 그 교회를 위하여 자신을 주심같이 하라. 이는 곧 물로 씻어 말씀으로 깨끗하게 하사 거룩하게 하시고." 그리스도께서 자신의 신부인 교회를 하나님의 말씀이라는 물로 씻어 주시듯이[5] 남편들도 자기 아내를 그렇게 사랑하라는 권면입니다. 그런데 남편들이 하나님의 말씀이라는 깨끗한 물을 가정에 들여놓을 수 있는 최선의 방법은 영적으로 씻어 주고 새롭게 해주는 가정예배를 실천하는 것입니다.

에베소서 6:4에 친숙한 말씀이 또 나옵니다. "아비들아, 너희 자녀를 노엽게 하지 말고 오직 주의 교훈과 훈계로 양육하라." 당신이 아버지라면 이 일을 남이 해주기를 바라지는 않을 것입니다. 그렇지 않습니까? 물론입니다. 하나님은 이 명령을 당신이 직접 책임지도록 당신에게 맡기셨습니다. 그래서 묻습니다. 당신은 그 일을 언제 합니까?

가족들에게 전반적인 기독교 세계관을 보여주는 것 말고, 당신은 구체적으로 **언제** 자녀를 "주의 교훈과 훈계로" 양육합니까? 자녀를 교회에 데려감으로써 할 수 있습니다. 집에서나 차 안에서 가끔씩 하나님에 대해 자녀들과 대화하면서도 할 수 있습니다. 인격적으로 모범을 보임으로도 가능합니다. 그러나 자녀를 "주의 교훈과 훈계로" 양육하는 일은 어쩌다 우연히 되지만은 않습니다.

물론 차 안이나 잠자리 등 계획에 없던 가르침의 순간에도 그런 양육이 이루어지고, 실제로 하루 중 아무 때라도 일어납니다. 정말 멋지게 말입니다! 그러나 그 일은 의도를 갖고 해나가야 합니다. 막상 하고 있는 것 같아도 실제로는 결코 생각만큼 잘되지 않는 일들이 있는데, 자녀를 "주의 교훈과 훈계로" 양육하는 일도 어느 정도의 규칙성과 형식과 의도가 없다면 그렇게 되고 맙니다. 아버지가 인도하는 꾸준한 가정예배야말로 자녀를 "주의 교훈과 훈계로" 양육하는 가장 확실하고 측정하기 쉬운 최선의 방법입니다. 자녀를 교회에 데려가는 것 외에도, 당신은 규칙적인 가정예배 시간을 가리키며 이렇게 말할 수 있습니다. "이것은 주께서 에베소서 6:4에 명하신 일을, 우리가 눈에 보이고 귀에 들리게 구체적으로 실천하는 가장 중요한 방법입니다."

가정예배에 대한 검증된 헌신이 장로(즉 목사)의 자격 요건으로 암시되어 있음을 알고 있습니까? 사도 바울이 밝힌 그런 자격 기준이 디모데전서 3장에 나옵니다. 바울은 4-5절에서 장로에 대해 이렇게 썼습니다. "자기 집을 잘 다스려 자녀들로 모든 공손함으로 복종하게 하는 자라야 할지며 (사람이 자기 집을 다스릴 줄 알지 못하면 어찌 하나님의 교회를 돌보리요)." 같은 맥락에서 이렇게 물어도 괜찮습니다. 사람이 자기 집의 예배를 다스릴 수 없다면 어찌 교회의 예배를 다스릴 수 있겠습니까? 가정예배를 인도할 수 없는 사람이 어떻게 교회 예배를 인도할 수 있겠습니까?

> 아버지가 인도하는 꾸준한 가정예배야말로 자녀를 "주의 교훈과 훈계로" 양육하는 가장 확실하고 측정하기 쉬운 최선의 방법입니다.

베드로

사도 베드로는 베드로전서 3:7에 교회 장로들만 아니라 모든 그리스도인 남편이 가정예배를 실천할 것을 전제했습니다. "남편들아, 이와 같이 지식을 따라 너희 아내와 동거하고 그를 더 연약한 그릇이요 또 생명의 은혜를 함께 이어받을 자로 알아 귀히 여기라. 이는 너희 기도가 막히지 아니하게 하려 함이라." 여기서 말하는 기도가 부부가 **함께 하는** 기도임을 알고 있습니까? 물론 남편이 지식을 따라 아내와 동거하지 않고 아내를 귀히 여기지 않으면, 남편의 개인 기도도 막힙니다. 본인의 죄가 개인 기도에 영향을 미친다는 사실은 시편 66:18에 분명히 나와 있습니다. "내가 나의 마음에 죄악을 품었더라면 주께서 듣지 아니하시리라." 그러나 여기 베드로전서 3:7에서 말하는 것은 부부의 합심 기도입니다. 베드로는 그리스도인 부부들이 함께 기도할 것을 전제했습니다. 이는 거룩한 남편 노릇의 규범입니다. 스펄전은 이 구절에 대해 이렇게 말했습니다. "가정에서 함께 열심히 기도하도록 그리스도인들을 독려하는 데는 이 본문이 가장 제격입니다.……워낙 귀한 말씀이라 감히 내 말주변으로는 그 가치를 충분히 표현할 수 없습니다."[6]

***

성경에 분명히 암시되어 있듯이 하나님은 집집마다 매일 드리는 가정예배를 받으시기에 합당하신 분입니다. 성경 주석가로 사랑받는 매튜 헨리Matthew Henry도 그 사실을 알고 이렇게 말했습니다. "가정예배는 새로운 방법이 아니라 예로부터 성도들이 써 온 믿을 만한 방법이다."[7] 이 말은 성경 속의 성도(즉 신자)들에게만 아니라 이후의 하나님의 사람들에게도 똑같이 해당됩니다.

2

개혁은
가정예배에서부터

교회사 속 가정예배

경건하고 독실한 가장은 누구나 자녀에게 경건한 삶을 가르친다. 따라서 그런 집은 사실상 학교이자 교회이고, 가장은 자기 집의 주교이자 제사장이다.

__ 마르틴 루터 Martin Luther

하나님이 집집마다 매일 드리는 가정예배를 받으시기에 합당하신 분임은 위대한 그리스도인들의 삶을 통해서도 증언되어 왔습니다. 예를 들자면, 초기 그리스도인들이 가정에서 꾸준히 하나님을 예배했음을 우리는 알고 있습니다. 초대교회사 학자인 라이먼 콜먼 Lyman Coleman은 사도 시대 직후 수십 년간 그리스도인들이 실천하던 가정예배에 대해 이렇게 썼습니다.

아침 일찍 가족이 모여 구약 성경의 한 대목을 읽은 다음, 찬송을 부르고 기도했다. 기도할 때는 간밤에 무사히 지켜 주시고 건강한 몸과 마음으로 만나게 하신 좋으신 전능자께 감사를 드렸다. 아울러 하루의 위험과 유혹에서 보호하여 주시고, 모든 본분에 충실하게 하시며, 매사에 그리스도인의 소명에 합당하게 행할 능력을 주시도록 그분의 은혜를 간구했다.…… 저녁에도 가족들은 잠자리에 들기 전에 다시 모여 아침과 똑같은 방식으로 예배했다. 한 가지 차이라면 하루를 시작할 때는 편의상 시간 제약이 따랐으나 저녁에는 예배가 상당히 길어졌다는 것이다.[1]

터툴리안

2세기에 터툴리안Tertullian, 160-225년경이라는 신학자는 신자들 간의 결혼에 대해 글을 썼습니다. 신자들의 부부 관계를 분명히 이상화하기는 했지만, 그는 이 글에서 가정예배를 기독교 가정의 필수 요소로 기술했습니다.

그들은 함께 기도하고, 함께 예배하고, 함께 금식한다. 서로 가르치고, 서로 격려하고, 서로 굳건히 해준다.…… 누가 더 운치 있게 읊어 주님을 찬양하는지 보려고 서로 시로 노래하고 찬송을 부른다. 그리스도께서는 이것을 보고 들으며 기뻐하신다.[2]

요한 크리소스톰

4세기 콘스탄티노플 대주교였던 요한 크리소스톰^{John Chrysostom, 349~407}^{년경}은 교회사에서 가장 위대한 설교자 중 한 명으로 널리 인정받고 있습니다. 역사가 필립 샤프^{Philip Schaff}에 따르면, 크리소스톰은 "모든 가정은 교회가 되고 모든 가장은 영적 목자가 되어, 자녀에게 전해야 할 이야기를 잊어서는 안 된다"[3]라고 촉구했다고 합니다.

마르틴 루터

교회사의 그 무렵부터 종교개혁 때까지 가정예배는 대체로 유물이 되었습니다. 개개인이 성경을 접하기가 갈수록 어렵고 값도 비싼 데다 성직의 위계화가 점점 심해진 결과였습니다. 그러나 성경 책이 집 안에 다시 들어오면서 가정예배도 되살아났습니다. 마르틴 루터^{Martin Luther, 1483~1546년} 시대에 형세가 역전되어 가정예배에도 회복의 창이 활짝 열렸습니다. 루터는 거의 매일 설교했고, 교회에서 목회했으며, 방대한 신학 책과 성경 주석을 집필했습니다. 그러나 모든 그리스도인 남편과 아버지처럼 자신도 가정의 목사가 되어 예배를 인도할 책임이 있음을 인식했습니다. 다음은 그가 남긴 글입니다.

아브라함은 자신의 장막 안에 하나님의 집과 교회를 두었다. 오늘날에도 경건하고 독실한 가장은 누구나 자녀에게……경건한 삶을 가르친다. 따라서 그런 집은 사실상 학교이자 교회이고, 가장은 자기 집의 주교이자 제사장이다.[4]

존 낙스

그로부터 반 세대가 지난 1500년대에 존 낙스John Knox, 1514-1572년는 스코틀랜드의 종교개혁을 이끌었습니다. 천주교 신자였던 스코틀랜드의 메리 여왕은 이 하나님의 사람을 가리켜 "나는 유럽의 군대가 총집결한 것보다 존 낙스의 기도가 더 무섭다"라고 말했다고 합니다. 1556년 스코틀랜드의 그리스도인 형제들에게 쓴 편지에서 낙스는 가정예배에 대해 이렇게 말했습니다. "형제들이여, 그대들은 하나님께 임명받은 대로 그분을 참으로 경외하면서 그분의 말씀에 따라 각자의 가정을 다스려야 합니다.…… 그러므로 그대들은 읽고 권면하고 함께 기도하는 일에 가족들을 참여시켜야 합니다. 집집마다 적어도 하루 한 번씩은 함께 기도해야 합니다."[5]

웨스트민스터 신앙고백과 제2차 런던 신앙고백

그로부터 한 세기가 지난 후 장로교와 침례교는 공히 가정예배를 매우 중시하여 각자의 신앙고백에 가정예배 관련 문구를 넣었습니다.[6] 웨스트민스터 신앙고백과 1689년에 만든 제2차 런던 신앙고백은 각각 장로교와 침례교 역사상 가장 영향력 있는 교리 진술로서, 지금도 전 세계의 무수히 많은 교회가 채택하는 문건입니다. 두 고백서 모두 가정예배를 실천해야 한다고 명시적으로 규정하고 있습니다. 두 문건 모두에 이런 말이 나옵니다. "하나님은 어디서나 영과 진리로 예배를 받으셔야 한다. **매일 가정에서 따로** 그리고 개인마다 은밀히 그분을 예배해야 한다."[7]

웨스트민스터 총회에서 신앙고백을 완성한 때는 1647년입니다. 그해 8월 스코틀랜드 교회는 존 낙스의 비전을 계속 진척시키는 가운데, 가정예배를 매우 중시하여 웨스트민스터 신앙고백의 자매편 문건인 『가정예배 모범』(*The Directory for Family Worship*)을 제작했습니다. 총 14항으로 된 이 지침서에는 가정예배를 드려야 할 이유, 가정예배에서 성경을 올바로 활용하는 법, 가정예배를 이끌어야 할 남편과 아버지의 책임, 가족들이 함께 기도하는 법 등이 항목별로 수록되어 있습니다.

그 문건에 제시된 가정예배 지침은 교회에 남달리 헌신하는 남자들에게만 해당된 내용이 아니었습니다. 서두에 밝혀 놓았듯이 모든 가장은 하나님이 맡기신 가정예배의 책임을 다해야 했고, 교회 장로들은 이를 감시해야 했습니다. 이 일에 태만한 가장은 따로 경고를 받도록 되어 있었습니다. 그런데도 가족들에 대한 영적 책임을 계속 소홀히 한 남편이나 아버지는 『가정예배 모범』에 따라 조치를 받았습니다.

> 당회에 의하여 엄하고 중하게 책망을 받아야 할 것이다. 이러한 책망을 받은 후에도 가정예배를 여전히 소홀히 여기는 것이 발견된다면, 그러한 위반을 범하고도 자신의 강퍅함을 인하여 뉘우치지 않는다면, 그는 성찬을 받기에 합당치 못한 자로, 뉘우칠 때까지 성찬에 참여하지 못하도록 수찬 정지를 받아야 할 것이다.[8]

다시 말해서 스코틀랜드 전역의 기독교 지도자들은 가정예배를 가정의 영적 건강과 자녀의 영혼에 없어서는 안 될 필수 요소로 여겼으며, 이 부분에서 가정을 영적으로 저버리는 남자는 누구나 교회의 치리를 받아야 했습니다. 영국 전체와 해외의 수많은 장로교회도 머잖아 이 문건을 도입했습니다.

영국의 청교도들

호튼 데이비스Horton Davies는 고전 『영국 청교도의 예배』(*The Worship of the English Puritans*)에 "청교도들은 가정예배를 매우 중시했다"라고 썼습니다.[9] 제임스 패커(J. I. Packer)에 따르면, 청교도들은 『가정예배 모범』과 똑같이 이렇게 믿었습니다. "남편의 책임은 가정을 신앙 쪽으로 이끌고, ……원칙적으로 하루 두 번씩 매일 가정예배를 인도하고, 범사에 늘 절도 있고 경건한 삶으로 본을 보이는 것이다. 이를 위해 남편은 기꺼이 시간을 들여, 자신이 가르쳐야 할 신앙을 먼저 배워야 한다."[10]

리처드 백스터

리처드 백스터Richard Baxter, 1615-1691년 목사는 전형적인 청교도답게 이렇게 가르쳤습니다. "기독교 가정이 엄숙하게 기도하고 하나님을 찬송하는 일은 그분이 정하신 바다. ……가정에서 드리는 기도와 찬송은 의무이며, 가르치시고 성화하시는 성령의 역사에서 비롯된다. 따라서 하나님에게서 난 일이다."[11]

그러고는 이렇게 도전합니다.

세상의 모든 거룩한 가정들의 실제 경험에 근거하여 간절히 호

소한다. 이 의무를 진지하게 다하고도 유익을 누리지 못한 가정이 있던가? 이 의무를 다하지 않고서 은혜와 깊은 신앙심이 넘치는 가정이 있던가? 성경을 읽고 기도하고 하나님을 찬송하는 가정들과 그렇지 않은 가정들을 크고 작은 도시와 마을에서 골라 비교해 보라. 양쪽의 차이를 보라. 불경함과 욕지거리와 저주와 비난과 술 취함과 매춘과 속됨 따위가 더 넘치는 쪽은 어디이며, 믿음과 인내와 절제와 자선과 회개와 희망 같은 것이 더 넘치는 쪽은 어디인가? 어렵지 않게 판가름 날 문제다.[12]

매튜 헨리

매튜 헨리[1662-1714년]는 백스터보다 50년쯤 늦게 태어났으나 성경 주석을 써서 전 세계 교회에 백스터 못지않게 잘 알려진 인물입니다. 아래 내용은 매튜 헨리의 전기를 쓴 작가의 말입니다.

가정에서 매튜의 행실을······ 지배한 것은 다분히 그의 경건한 부친이 남긴 모범이었다. 부친의 집에 드나들던 사람들은 선뜻 "이것은 다름 아닌 하나님의 집이요 이는 하늘의 문이로다"라고 말하곤 했다. 매튜는 가정에서 아침저녁으로 늘 하나님을 예배했다. 아무것도 이를 막을 수 없었다.······그는 결코 지루하게 이끌지 않고 늘 알차고 풍성했으며, 짧은 시간에 많은 순서를 해냈다.…… 예배가 끝나면 자녀들이 축복을 받고자 그에게 모였고, 그는 엄숙하게 애정을 담아 축복해 주었다.[13]

매튜 헨리는 "당신의 가정을 작은 교회로 만들라"라고 썼습니다.[14] 또 이런 말도 했습니다.

가정이 주님의 집이 되면 그 때문에라도 우리는 가정을 사랑하게 될 것이다. 매일의 말씀 묵상은 하루 중 가장 달콤한 즐거움이 되고, 가정예배는 가족들에게 가장 소중한 위안이 될 것이다. ……가정 속의 교회야말로 당신이 자녀에게 물려줄 수 있는 좋은 유물이고 유산이다.[15]

가정예배에 대해 가장 놀라운 말을 남긴 사람도 매튜 헨리입니다. 그는 "개혁은 여기서부터 시작되어야 한다"라고 했습니다.[16] 다시 말해서, 우리가 기도하며 갈망해 온 교회 개혁에는 가정도 포함됩니다. 교회가 가정 단위로, 그러니까 독신에서 대가족까지 모든 규모의 가정들로 이루어져 있는 만큼, 가정예배를 통해 가정들이 변화되면 교회도 변화될 수밖에 없습니다.

조나단 에드워즈

위대한 사람 조나단 에드워즈Jonathan Edwards, 1703-1758년는 지적 능력, 뜨거운 신앙, 힘찬 설교, 통찰력 있는 저작 등으로 알려져 있습니다. 그러나 그를 기억해야 할 이유가 또 있습니다. 그는 경건한 아내 새라와 더불어 한결같이 그리스도인다운 가정생활로 본을 보였고, 이는 훌륭하게 성장한 열두 자녀에게 영향을 미쳤습니다. 전기 작가 조지 마즈던George Marsden의 말로 이야기를 들어 봅시다.

에드워즈는 하루를 개인 기도로 시작한 뒤 가족들과 함께 기도했다. 겨울이면 촛불을 밝혀 가며 했다.[17]

물론 자녀들의 영혼을 돌보는 일이 그의 중대한 관심사였다. 아침 예배 때 그는 나이에 맞는 질문으로 자녀들에게 성경 퀴즈를 냈다.[18]

식사 때마다 가정예배를 병행했고, 새라는 하루가 끝나면 매일 서재에서 남편과 함께 기도했다.[19]

새뮤얼 데이비스

새뮤얼 데이비스 Samuel Davies, 1724-1761년는 조나단 에드워즈의 후임으로 프린스턴 신학대학원 총장이 되었으며, 마틴 로이드 존스 Martyn Lloyd-Jones에게 미국의 가장 위대한 설교자 중 한 명으로 꼽혔습니다. 그는 가정예배에 대해 이렇게 말했습니다.

> 자녀를 사랑하는가? 가족들에게 하늘의 복이 임하기를 바라는가? 훗날 자녀들이 결혼하여 가정을 이룰 때 각 가정이 신앙의 안식처가 되면 좋겠는가? 지금의 신앙이 살아남아 대대로 전수되기를 바라는가? 자신의 영혼을 살리고 싶은가? 그렇다면 간곡히 신신당부하는 바, 오늘부터 가정에서 하나님을 예배하기 시작하여 생의 마지막 날까지 계속하라. …… 가정의 신앙을 교회에서 시키는 의무로만 볼 것이 아니라 하나님의 은혜로 주어진 최고의 특권으로 여기라.[20]

자녀를 사랑하는가? 가족들에게 하늘의 복이 임하기를 바라는가? 그렇다면 간곡히 신신당부하는 바, 오늘부터 가정에서 하나님을 예배하기 시작하여 생의 마지막 날까지 계속하라.

J. W. 알렉산더

J. W. 알렉산더 J. W. Alexander, 1804-1859년는 19세기 전반부에 뉴욕에서 활동한 경건하고 영향력 있는 장로교 사역자입니다. 그의 저서 『가정예배는 복의 근원입니다』(*Thoughts on Family Worship*)는 현재까지 이 주제를 가장 잘 다룬 책으로 남아 있습니다.[21] 이 책 서문에서 그는 "성체(聖體)를 받으면서도 집에서 날마다 꾸준히 하나님을 섬기지 않는[즉 가정예배를 드리지 않는] 가장들이 많다. 그다지 믿을 만하지 못한 소문에 따르면, 일부 현직 장로들과 집사들도 그렇다고 한다"라며 경악을 금치 못했습니다.

짤막한 몇몇 장을 통해 알렉산더 목사는 "가정예배가 개인의 경건에…… 부모에게…… 자녀에게 끼치는 영향" 등의 주제를 마음이 끌리게끔 친절하고도 실제적으로 다루었습니다. 특히 성경을 배우는 면에서 "지성을 발달시켜 주는 가정예배"에 관한 장도 있습니다. 그는 또 "가정예배가 가족의 화목과 사랑에…… 고통받는 가족에게…… 방문객과 손님과 이웃에게…… 불멸의 바른 교리에 끼치는 영향"에 대해서도 설득력 있게 적었습니다. 내 생각에 가장 강력한 내용은 "가정예배가 교회에 끼치는 영향"과 "가정예배가 후손에 끼치는 영향"입니다. 마지막 장에서 그는 준엄하게 언급합니다. "입에 발린 말일랑 다 집어치우고 전하건대, 솔직히 가정예배에 소홀한 태도는 미지근한 세상적 신앙에서 비롯된다고 본다."[22]

그러나 가정예배를 배운 적이 없는 사람에게는 그 말이 해당되지 않습니다. 아무리 그리스도인이라 해도 자신이 배우지도 않은 일을 실행할 수야 없지 않겠습니까. 언젠가 강의 중에 나는 신학생 115명에게 이렇게 물었습니다. "여러분 중에 가정예배를 드리는 가정에서 자라난 사람 있나요?" 손을 든 사람은 **일곱** 명뿐이었습니다. 다시 물었지요. "가정예배를 드리는 다른 집을 본 사람 있나요?" **아무도** 손을 들지 않았습니다. 그곳은 성경을 믿는 보수 신학교로서 지상에서 가장 헌신적이고 복음에 열정적인 그리스도인들이 모여드는 곳이었고, 그들은 목사와 선교사가 되려고 준비 중이었습니다. 그런데도 영성을 배우는 그 과목 수강생 중에 가정예배를 조금이라도 아는 학생이 16명 중 한 명꼴에 불과했습니다.

이 정도면 우리의 교회들에서 가정예배의 실상이 어떠한지 알 만합니다. 그나마 이런 헌신된 젊은 신자들을 배출해 내는 복된 교회들의 현실이 이렇습니다. 가정예배를 본 적도 없는 신학생들이 나중에 사역 현장에 나가, 가정예배를 실천해야 한다며 그 방법을 가르쳐 줄 가능성이 얼마나 되겠습니까? 자신도 배우지 못한 가정예배를 남에게 가르친다는 것은 상상할 수 없는 일입니다.

따라서 가정예배가 금시초문인 사람이라면 "가정예배에 소홀한 태도는 미지근한 세상적 신앙에서 비롯된다"라는 알렉산더의 말에 동의할 수 없습니다. 하지만 당신은 어떤가요? 이 책을 읽고 있는 **당신은** 이제 가정예배를 압니다.

찰스 스펄전

설교의 황제 찰스 스펄전^{1834-1892년}도 가정예배를 자주 언급했습니다. 우선 그중에 이런 말이 있습니다.

> 경건한 자녀를 기르고 싶습니까? 우리가 흙으로 돌아간 뒤에도 후손들이 하나님을 섬겼으면 좋겠습니까? 그렇다면 그들도 하나님을 경외하도록 가정예배로 함께 모여 힘써 훈련시키십시오.[23]

스펄전은 자신의 말대로 실천했습니다.[24] 그가 죽은 뒤 아내 수재너가 쓴 글에서 쌍둥이 아들과 함께 했던 그들의 삶의 단면을 엿볼 수 있습니다. 두 아들은 나중에 모두 목사가 되었습니다.

식사가 끝나면 서재로 자리를 옮겨 가정예배를 드렸다. 그때마다 사랑하는 남편의 기도는 어린아이 같은 감수성, 영적 연민, 뜨거운 신앙으로 빛을 발했다. 그는 어린아이가 사랑 많은 아버지와 가까운 것만큼이나 하나님과 가까워 보였고, 그렇게 주님과 대면하여 대화하는 그의 모습에 우리는 자주 감동의 눈물을 흘렸다.[25]

스펄전의 집에 드나들던 한 사람은 이런 글을 남겼습니다.

그가 사는 웨스트우드 집에 종종 드나들던 내게 가장 유익했던 때는 가족들의 기도 시간이었다. 여섯 시에 온 식구가 서재에 모여 예배를 드렸다. 대체로 스펄전 목사가 직접 예배를 인도했는데, 본문을 읽고 나면 으레 그의 강해가 뒤따랐다. 그 투박하고도 은혜로운 말들은 얼마나 놀랍고 유익했던가. 특히 그가 누가복음 24장을 읽던 때가 기억난다. "예수께서 가까이 이르러 그들과 동행하신다." 우리가 어디를 가든 예수께서 동행하신다던 그의 말은 얼마나 달콤했던가. 그분은 특별한 때만 가까이 하시는 것이 아니라 우리가 무슨 일을 하든지 동행하신다. ……또 그의 기도는 자상한 간구, 하나님을 믿는 데서 오는 평온한

확신, 세상을 품는 긍휼로 얼마나 넘쳐났던가.……그가 공중 기도를 할 때도 감화를 받고 축복을 누렸지만 그가 가족들과 함께 드리던 기도가 내게는 더 놀라웠다.……스펄전 목사는 명설교로 청중 수천 명을 매료시킬 때보다 가정예배를 드리며 하나님 앞에 고개 숙여 기도할 때가 더 위대해 보였다.[26]

존 패튼

존 G. 패튼John G. Paton, 1824-1907년은 19세기 후반부에 남태평양 뉴헤브리디스 제도에서 식인종들을 섬긴 선교사였습니다. 패튼 선교사가 본인의 아버지에 대해 쓴 글을 보면, 그의 아버지는 청소년 시절 할아버지에게 가정예배를 일요일에만 아니라 매일 드리자고 졸랐다고 합니다. 그래서 그의 아버지는 날마다 부모형제가 모여 드리던 가정예배를, 십대 시절부터 직접 인도한 적도 많았습니다. 패튼이 아버지에 대해 쓴 글입니다.

그리하여 아버지의 나이 열일곱 살 때부터 가정예배를 아침저녁으로 드리는 복된 전통이 시작되었고, 아버지는 77세로 눈을 감을 때까지 단 하루도 빼먹지 않고 그것을 실천했다. 돌아가시던 날에도 성경을 읽었다. 힘이 약해진 목소리로 시편을 읽고 아침과 저녁에 입술을 달싹여 기도했다. 그날 모든 자녀의 머리 위에 달콤한 축복이 임할 때, 우리 중 여럿은 이역만리에 흩어져 있었지만 모두가 은혜의 보좌에서 아버지를 만났다. 단 하루라도 예배 없이 지나간 날은 우리 중 누구의 기억에도 없다. 급히 물건을 사러 장에 갈 일이 있고, 업무가 바쁘고, 친구나 손님이 오고, 우환이나 슬픔이 닥치고, 기쁨이나 경사가 있어도, 무엇에도 아랑곳없이 우리는 가정 제단에 무릎을 꿇었다. 그러면 대제사장이신 예수께서 우리의 기도를 하나님께 올려 드리며 예수님 자신과 그의 자녀들을 제단에 바치셨다.

게다가 이런 모범의 빛은 우리에게만 아니라 남들에게도 복이 되었다! 먼 훗날에 들은 이야기를 하나 하자면, 우리 동네에 ……정말 극도로 문란하게 살다가 하나님의 은혜로 나중에 변화된 여자가 있었다. 그녀의 고백에 따르면, 자신이 절망과 자살의 지옥에서 탈출할 수 있었던 것은 오로지 캄캄한 겨울밤에 번번이 우리 집 창문 밑에 바짝 붙어 가정예배 중인 우리 아버지의 이런 기도 소리를 들은 덕분이라 했다. "죄인들을 악하고 잘못된 길에서 돌이키게 하셔서 구주의 왕관에 박힐 반짝이는 보석이 되게 하옵소서." 그녀는 또 이런 말도 했다. "그 선한 사람의 마음속에 나에 대한 부담이 있음을 느꼈고, 하나님이 **그를**

실망시키지 않으실 것을 나는 알았습니다. 그 덕분에 나는 지옥을 면하고 유일하신 구주께로 인도되었습니다."[27]

마틴 로이드-존스

20세기 가장 영향력 있는 설교자라면 단연 런던의 마틴 로이드-존스[1899-1981년] 목사를 꼽을 수 있습니다. 로이드-존스 목사의 부교역자로 한동안 사역하다가 나중에 그의 전기까지 쓴 이안 머레이[Iain Murray]는 로이드-존스 목사가 믿는 기독교에 가정예배가 필수 요소였다며 이렇게 적었습니다. "그는 하루를 마칠 때마다 가족들과 함께 기도했다. 그가 죽은 뒤 아내 베단 로이드-존스는 바로 그 부분에서 상실감이 가장 크다고 말했다."[28]

에롤 헐스

로이드-존스의 동지이자 영국 침례교 지도자였던 에롤 헐스[Erroll Hulse, 1931-2017년]는 이렇게 썼습니다.

무엇보다 중요한 것은 가정예배다. 무슨 수를 써서라도 이것만은 계속 실천해야 한다. 엄청난 일들이 각 가정을 사정없이 짓누르며 시간과 헌신을 요구한다. 그럴 때 이른바 가정 제단부터,

즉 매일 가정예배를 드리던 습관부터 제일 먼저 희생된다. 하지만 가정마다 매일 함께 성경을 읽고 기도해야 한다.[29]

D. A. 카슨

21세기를 살아가는 신자들도 가정예배를 옹호했습니다. 이를테면 신약학자인 D. A. 카슨D. A. Carson, 1946년- 은 이렇게 말했습니다.

> 대부분의 부부처럼 우리 역시 함께 기도하는 시간을 한결같이 지속하기가 쉽지 않았다. 우리네 삶은 속도가 정신없이 빠를 뿐만 아니라 인생의 시기마다 특별한 짐이 지워져 있다. 예컨대 학교에 들어가기 이전의 자녀가 두세 명 있으면 부모는 일찍 일어나야 하고 저녁이면 녹초가 된다. 그래도 우리는 계획대로 하려고 노력했다. 식사 기도와 별개로……개인 기도 및 성경 읽기 시간과도 구별하여, 우리 가정은 날마다 하나님의 얼굴을 구한다.[30]

존 파이퍼

국제적으로 잘 알려진 목사이자 저술가인 존 파이퍼John Piper, 1946년- 도 남자가 가정예배에 근본적으로 헌신해야 할 당위성을 이렇게 강조했습니다. "가정예배 시간을 얼마나 중시할 것인지 스스

로 결정해야 한다. 어린 자녀든 사춘기 자녀든 부모든, 가정예배
는 모두에게 가능하다. 노력이 필요하겠지만 가능하다."[31]

*
**

지금까지 살펴본, 가정예배에 대한 교회사 속 위대한 그리스도
인들의 관점은 조나단 에드워즈의 한 문장으로 요약할 수 있습
니다. "모든 기독교 가정은 작은 교회가 되어야 한다."[32] 그 작은
교회의 삶에 물론 가정예배도 포함될 것입니다.

　　그렇다면 가정예배를 어떻게 실천할 수 있을까요? 실생활
속의 가정예배는 어떻게 이루어질까요?

3

읽고,
기도하고,
찬송하라

가정예배의 기본 요소

가정예배 시간을 얼마나 중시할 것인지 스스로 결정해야 한다. 어린 자녀든 사춘기 자녀든 부모든, 가정예배는 모두에게 가능하다. 노력이 필요하겠지만 가능하다.
＿존 파이퍼 John Piper

가정예배의 기본 요소는 다음 세 가지, 그러니까 성경을 읽고, 기도하고, 찬송하는 것입니다. 세 가지 동사만 기억하면 됩니다. 읽고, 기도하고, 찬송하라.

제리 마르첼리노Jerry Marcellino는 유익한 소책자『잃어버린 보물인 가정예배의 재발견』(*Rediscovering the Lost Treasure of Family Worship*)[1]에서 '성경'(Scripture), '간구'(Supplication), '노래'(Song)라고, 3S를 사용해 기억하기 좋게 했습니다. 그러나 이 3대 요소는 너무 간단하여 굳이 환기 장치가 없어도 될 것입니다. 게다가 미리 준비할 것도 전혀 없습니다. 그저 읽고 기도하고 찬송하면 됩니다.

그저 읽고 기도하고 찬송하라

성경 읽기

성경의 모든 책을 장별로 가족과 함께 통독하십시오. 자녀가 어릴수록 이야기 위주의 본문을 택하고 분량은 짧게 하면 좋습니다.[2] 자녀가 점점 자라면 목표하는 바를 넓혀 신약 성경 전체를 읽고 나중에는 성경 전체를 통독하십시오.

열정을 품고 해석하며 읽으십시오. 조금 설명하자면, 전화번호부를 소리 내어 읽듯이 성경을 아무런 감정도 없이 읽어서는 안 된다는 말입니다. 성경은 하나님의 말씀입니다. 그러니 온 힘을 다하여 읽으십시오.

아울러 자녀가 잘 모른다고 하는 어휘가 있으면 설명해 주고, 중요한 구절이 나오면 의미도 확실히 알려 주십시오. 더욱 이해를 잘할 수 있도록 어느 구절이나 문구를 아이가 직접 골라 설명하게 해보는 것도 좋은 방법입니다. 그다음에는 아이가 지적하는 다른 부분을 당신이 설명해 주면 됩니다.

기도

기도는 아버지만 할 수도 있고, 아버지가 지명하는 사람이 할 수도 있고, 가족들이 돌아가며 할 수도 있습니다. 어느 경우든 반드시 함께 기도해야 합니다. 정해진 기도 제목을 활용할 수도 있고, 매번 가족들에게 기도 제목을 물을 수도 있습니다. 어떤 식으로 해도 괜찮지만, 적어도 한 가지는 그날 읽은 성경 본문 가운데 가족들에게 와 닿았던 내용으로 기도하면 좋습니다.[3]

성경의 어느 부분을 읽고 있든 관계없이, 기도 시간에는 항상 시편으로 돌아가는 가정들도 있습니다. 몇 구절의 시편 말씀으로 기도를 드리는 것이지요. 예를 들어 시편 23편으로 기도한다면, 1절을 읽고 나서 당신 가정의 목자가 되어 주신 주님께 감사를 드릴 수 있습니다. 아울러 특정한 사건이나 결정 과정에서 목자가 되어 달라고 간구할 수 있습니다. 시간이 허락된다면 본문을 한 줄씩 다 읽으십시오. 읽으면서 마음에 떠오르는 대로 하나님께 아뢰십시오.

이런 식으로 하면 가족들을 위해 (매번 새롭고 독특하게) 기도할 수 있을 뿐만 아니라, 기도의 본을 보여줌으로써 가족들에게 기도하는 법을 가르칠 수 있습니다.

찬송

가능하면 찬송집을 가족 수대로 장만하면 좋습니다. 어쩌면 교회 창고에 처박혀 있을, 안 쓰거나 오래된 찬송집을 무료로 얻을 수도 있을 것입니다. 교회의 목사나 예배 인도자가 다른 찬송집을 추천해 줄 수도 있습니다. 공유 재산이 된(즉 저작권이 소멸된) 옛날 찬송도 인터넷에 많이 올라와 있습니다.

매번 다른 노래를 부르는 가정도 있고, 새 노래를 배우려고 한 주 동안 같은 곡을 부르는 가정도 있습니다. 녹음된 곡을 따라 부르는 가정도 있고, 가족 중에서 악기를 연주하는 가정도 있습니다. 내가 알기로는 반주 없이 찬송을 부르는 가정이 대부분입니다. 부부만 있는 경우도 마찬가지입니다.

왜 꼭 이 세 가지인가?

왜 성경 읽기와 기도만 하고 찬송은 생략하면 안 될까요? 왜 읽고 기도하고 찬송한 뒤 성만찬까지 곁들이지 않을까요?

첫째, 앞서 2장에 적었던 라이먼 콜먼이 했던 말을 기억하십니까? 사도 시대 직후 수십 년간 신자들이 실천하던 가정예배에 대해서 했던 말입니다. 그리스도인의 가정예배에 대한 초창기 기록을 보면, 성경을 읽고 함께 기도하고 하나님을 찬송하는 것이 틀로 되어 있습니다.

둘째, 예배 때 시행하도록 성경에 밝혀 놓은 활동 목록을 보십시오.[4] 그나마 몇 가지 안 되는 것 중에서도, 회중의 공예배와 대등하게 가정예배나 개인예배에도 적합한 활동은 세 가지뿐입니다. 바로 성경을 읽고, 기도하고, 찬송하는 것입니다.

공예배의 성경적 요소들을 개인예배나 가정예배에 그대로 받아들이기란 대체로 불가능합니다. 예를 들어 설교의 경우는 설교자만 아니라 청중도 필요하므로 개인예배에는 맞지 않습니다. 웬만한 가정예배의 상황에서도 설교는 현실성이 없는데, 설교와 교육을 제대로 구분한다면 특히 더합니다. 대부분의 교회가 설교자에게 하나님의 소명을 요구하는 데 비해, 절대다수의 그리스도인에게 설교자로서의 소명감이 없다는 사실은 말할 것도 없습니다. 마찬가지로 예수께서 "이를 행하여 나를 기념하라"(눅 22:19)라고 명하신 성만찬도 교회라는 공동체에 주어진 것이지, 그리스도인 개개인이나 각 가정에 주어진 것이 아닙니다. 즉 신약에 제시된 성만찬의 규범은 그리스도인이 혼자 빵과 포도주를 먹고 마시거나 가족끼리만 따로 지키는 성례가 아닙니다. 성만찬은 교회 가족이 함께 지키도록 제정된 것이며, 그리스도의 몸 된 교회가 하나로 연합해 있다는 표현이기도 합니다.

그렇다면 가정예배에서 할 일은 무엇일까요? 간단합니다. 성경을 읽고, 함께 기도하고, 주님을 찬송하면 됩니다.

내가 이 개념을 가르치다 알게 된 사실이 있습니다. 사람들은 가정예배를 드리려면 뭔가 공과나 묵상집을 준비해야 한다고 생각합니다. 하지만 **그렇지 않습니다.** 어떨 때는 성경적 교훈을 전달하는 방편으로 특정 기사나 블로그 게시물 또는 설교 예화 같은 것들을 가족에게 나누고 싶을 수 있습니다. **좋습니다!** 개인적으로 묵상한 유난히 은혜로운 통찰을 들려줄 수도 있습니다. 그것도 **좋습니다!** 하지만 그런 예외적인 경우를 제외하고는 가정예배에 아무런 준비도 필요 없습니다. 누군가가 찬송을 고르고 기도 방식을 정하기만 하면 됩니다. 그러고는 지난번에 읽다 만 성경 본문을 펴서 읽고, 기도하고, 찬송하면 됩니다.

스펄전도 말씀 읽기와 기도와 찬송이 가정예배의 요소여야 한다고 보았습니다. "매튜 헨리의 말에 나도 공감합니다. '함께 기도하는 가정은 잘하는 것이고, 기도하고 성경을 읽는 가정은 더 잘하는 것이며, 기도하고 읽고 찬송까지 하는 가정은 가장 잘하는 것이다.' 이렇게 온전히 갖추어진 가정예배를 간절히 사모해야 합니다."[5]

> 가정예배에서 할 일은 무엇일까요? 간단합니다.
> 성경을 읽고, 함께 기도하고, 주님을 찬송하면 됩니다.

시간이 허락되면 할 수 있는 것들

읽고 기도하고 찬송한 뒤에도 가족들이 아직 함께 있고 시간이 허락된다면, 아래의 도구를 한 가지 이상 활용해 보는 것도 좋습니다. 자녀를 더 찬찬히 "주의 교훈과 훈계로" 양육하는 데 도움이 될 것입니다.

교리교육

교리교육은 성경적 교리의 문답식 학습으로 예부터 지금까지 그리스도인들이 사실상 모든 전통에서 시행해 온 것입니다. 나는 두 살밖에 안 된 아이들에게도 교리문답집이 유용하게 활용되는 예를 보았습니다. 이를테면, 어느 유아용 교리문답집의 첫 질문은 "너를 지으신 분은 누구지?"입니다. 그러면 아이는 배운 대로 "저를 지으신 분은 하나님입니다"라고 답합니다. 이런 질문을 복습하고 새로운 질문을 점차로 더 배우면, 아이는 시간이 가면서 엄청난 양의 성경 진리를 흡수하게 됩니다.

구구단을 외우는 것이 수학 공부에 유익하듯이, 나이에 맞는 좋은 교리문답을 외우는 것도 성경을 배우는 데 아주 유익합니다. 다니고 있는 교회의 사역자를 찾아가 교리문답집을 권해 달라고 부탁하거나 인터넷에서 직접 검색해 보십시오.

성경암송

가정예배 모임은 성경 구절을 복습하기에 딱 좋은 시간입니다. 가족들이 각기 따로 암기한 구절일 수도 있고 다 함께 암기한 구절일 수도 있습니다. 가족들이 교회의 성경암송 계획에 참여하고 있다면 가정예배 모임은 현재의 구절을 함께 외우기에 이상적인 상황입니다. 자녀가 특정한 공과나 프로그램에 따라 성경을 암송해야 합니까? 가정예배로 모였을 때 자녀의 진도를 점검하고 격려해 주십시오.

특정한 단체의 성경암송 프로그램에 참여하고 있지 않다면 직접 간단한 계획을 짜 보는 것도 좋습니다. 현재 읽고 있는 성경 본문에서 한 구절 이상씩 암송하는 가정도 있고, 체계적인 장기 계획에 따라 성경을 단락이나 장별로 암기하는 가정도 있습니다. 그 밖에도 여러 계획을 활용할 수 있습니다. 한 달에 한 구절만 외워도 유익합니다. 사실 시간도 별로 더 들지 않습니다.

독서

역시 시간이 허락된다면, 가족이 모였을 때 우선 다른 책부터 함께 읽고 나서 가정예배로 들어가도 됩니다. 또는 가정예배를 마친 다음 바로 기회를 살려 가족들에게 기독교 서적이나 전기를 읽어 주어도 좋습니다.

다들 알고 있다시피, 부모가 책을 읽어 주면 자녀에게 많은 유익이 있는 것은 여러 연구를 통해 입증된 사실입니다. 많은 가정의 경우, 가족 간의 독서 시간을 확보하는 가장 쉬운 방법은 이미 온 가족이 매일 하고 있는 일, 곧 가정예배에 그 시간을 덧붙이는 것입니다.

세 가지 주의할 점

위에 나열한 것들은 내용과 관련된 지침이었고, 그 외에 가정에서 매일 하나님을 예배할 때 기억해야 할 세 가지 주의점이 있습니다.

짧게 하라

짧게 하지 않으면 지루해질 수 있습니다. 어림잡아 평균 10분이면 성경을 읽고 기도하고 찬송하기에 충분합니다. 아주 어린 자녀가 있을 때는 더 짧아질 수도 있습니다. 모임이 특별히 의미 있어 보이거나 가족들이 질문을 던질 때는 대체로 쉽게 시간을 연장할 수 있습니다.

꾸준히 하라

가정예배는 최대한 노력해 매일 정해 놓은 시간에 드려야 합니다. 가족들이 흩어지기 전인 이른 아침이 가장 좋은 가정이 있습니다. 저녁식사를 마친 다음이 가장 편한 가정도 있습니다. 저녁식사 후에 한다면, 식탁을 차릴 때 성경과 찬송집도 미리 옆에 가져다 두면 좋습니다. 또 한 가지 권하고 싶은 것이 있습니다. 예배가 끝날 때까지 아무도 자리에서 일어나지 못하게 하는 것입니다. 한 사람이 "이것만 먼저 하고요"라고 말하면, 다른 사람들도 조바심이 나거나 할 일이 생각날 수 있습니다. 그러면 가족의 연대감이 깨집니다. 가정예배를 가장 많이 드리는 세 번째 시간은 늦은 밤이나 잠자기 직전입니다.

융통성을 발휘하라

가정예배 시간을 정할 때는 낮 시간에 하는 정기 모임을 새로 만들기보다 가족들이 으레 모여 있는 기존의 시간을 활용하는 편이 지혜롭습니다. 물론 가정예배를 매일 일정한 시간에 드리는 것이 일정상 맞지 않는 가정도 많을 것입니다. 예배를 밤에 드리고 싶은데 그 시간에 식구들이 흩어져 있을 때가 많다면, 아침이나 한낮의 모임을 계획해야 할 수도 있습니다. 또는 이동 중에

차 안에서 가정예배를 드려야 할 때도 있을 수 있습니다.

그리고 가정마다 예배 시간을 조정해야 할 때가 가끔 발생합니다. 이럴 때는 융통성을 발휘하려다 꾸준함을 잃지 않도록 조심해야 합니다. 설령 가족들의 일정을 전면 손보아야만 가정예배를 드릴 수 있다고 해도, 이는 그 어떤 희생도 아깝지 않을 만큼 유익한 일입니다.

* * *

하나님은 집집마다 매일 드리는 가정예배를 받으시기에 합당하신 분입니다. 가정예배를 드리는 방법은 지금까지 말한 대로입니다. 하나님이 이를 실행할 수 있도록 하셨습니다. 간단합니다. 그저 성경을 읽고, 기도하고, 찬송하면 됩니다. 당신도 할 수 있습니다!

4

상황별 가정예배

이럴 때는 어떻게 예배할까?

기독교 가정이 엄숙하게 기도하고 하나님을 찬송하는 일은 그분이 정하신 바다.……가정에서 드리는 기도와 찬송은 의무이며, 가르치시고 성화하시는 성령의 역사에서 비롯된다. 따라서 하나님에게서 난 일이다.

　　　　　　　　　　　　　　　　　　　　　　　 ── 리처드 백스터 Richard Baxter

가정예배를 실천하려고 할 때 으레 의문을 불러일으키는 몇 가지 구체적인 상황이 있습니다.

아버지가 그리스도인이 아닐 때는?

아버지가 그리스도인이 아닐 때는 가정예배를 어떻게 해야 하는지에 대해서는 성경에서 말하고 있지 않습니다. 하지만 지금까지 그리스도인 엄마들은 이 상황에 여러 좋은 방법으로 대처해 왔습니다. 알고 보니 비신자 남편 가운데 많은 이들이 가족들과 함께 흔쾌히 성경을 읽을 마음이 있었습니다. 이쪽에서 물어보기만 하면 되었습니다. 아내 쪽에서 가정예배가 가족의 연대감을 높여 준다는 점을 강조하며 간청하는 것만으로도 충분할 때가 있습니다. 거기에 아이들까지 합세하면 성사될 가능성은 더욱 커집니다. 믿지 않는 남자들도 가족끼리 함께하는 시간이 더 많아야 함을 느낍니다. 다만 어떻게 해야 할지 막연할 뿐입니다. 본인이 필요성을 느끼던 차에 나머지 가족들이 해법을 제시하면 그도 즐거이 따를 수 있습니다. 남편이 방법을 잘 모르거나 자신감이 없을 수 있지만, 그런 문제라면 아내가 처음에 부탁할 때 해결할 수 있습니다. 기도와 찬송을 자신과 아이들이 돕겠다고 설명해 주면 됩니다. 혹시 압니까? 가정예배 중에 주님이 그분의 말씀을 통해 남편을 회심시키실지도.

물론 죽었다 깨어나도 가정예배에 참여하지 않을 비신자 남편들도 많이 있습니다. 그런 경우에는 아내가 직접 가정예배를 도입하고 인도해야 합니다. 다만 가정예배를 수행하는 방식이나 정신이 행여 쓸데없는 반감을 조장하거나 자녀에게 아버지에 대한 적의를 품게 하지 않도록 조심해야 합니다.

아버지가 없는 가정은?

아버지가 부재한 경우에는 (가정예배를 포함하여) 가정에서 "주의 교훈과 훈계"(엡 6:4)를 베풀 책임이 어머니의 몫이 됩니다. 아들이 있다면 가정예배를 인도하는 역할을 아들에게 점점 많이 떼어 주는 것도 좋은 방법입니다. 존 패튼의 아버지가 청소년 시절부터 가정예배를 자주 인도했던 것처럼 말입니다. 아울러 어머니의 부탁으로 교회 지도자가 정기적으로 심방하여 가정예배를 인도해 줄 수도 있습니다.

당신이 이런 상황에 처한 여자라면, 잊지 말고 주님께 로이스 같은 할머니와 유니게 같은 어머니가 되게 해달라고 기도하십시오. 사도 바울이 디모데후서 1:5에 인정했듯이 이 두 여인은 디모데에게 신앙을 전수했습니다. 그들은 가정에서 그를 "주의 교훈과 훈계로" 아주 잘 양육했던 것 같습니다. 사도 바울이 직접 디모데에게 이렇게 말한 것을 보면 알 수 있습니다. "또 [네가] 어려서부터 성경을 알았나니 성경은 능히 너로 하여금 그리스도 예수 안에 있는 믿음으로 말미암아 구원에 이르는 지혜가 있게 하느니라"(딤후 3:15).

자녀가 아주 어릴 때는?

자녀가 아주 어린 경우에는, 훈육과 인내 둘 다 특별히 더 필요할 것입니다. 훈육이란 가정예배를 드리는 잠깐 동안 자녀에게 한곳, 엄마 옆이나 특정한 자리에 가만히 있으면서 조용히 하도록 가르치는 일입니다. 인내란 자녀가 한곳에 가만히 있지 않거나 조용히 하지 않을 때에도 가정예배를 꾸준히 실천해야 한다는 뜻입니다.

아이들은 대부분 놀고 싶어 하지 가정예배에 집중할 마음이 없습니다. 집중한다고 해도 아주 오랫동안은 아닙니다. 어린아이는 집중력이나 이해력의 수준이 큰 아이와 같지 못하므로, 꼬마들만 있는 가정은 예배 시간이 아주 짧아야 합니다. 읽는 내용과 찬송도 최대한 아이의 나이에 맞추면 좋겠습니다. 빠르게 성장하는 그 시기부터 당신은 가정예배의 습관과 가치에 대해 자녀에게 평생 갈 인상을 남기는 것입니다.

아이가 생후 15개월이라서 당신의 말을 전혀 알아듣지 못한다 해도, 아이는 반드시 배우고 있습니다. 아기의 생각을 어른의 말로 바꾸어 본다면 이런 식이 될 것입니다. "우리가 밤마다 하는 이 일이 무엇인지 나는 모릅니다. 아빠는 큰 책에서 내가 알아듣지 못할 말을 읽고, 이어 모두가 눈을 감고 말한 뒤, 다 함께 노래를 부릅니다. (노래 부르는 부분은 나도 좋아요.) 이 일이 뭔지는 모르지만 밤마다 하는 걸 보면, 중요한 일임에 틀림없습니다." 다시 말해서 아이가 읽고 기도하고 찬송하는 내용은 이해하지 못할지라도, 가정예배가 하루 일과의 중요한 부분임을 배웁니다. 그뿐 아니라 이런 아이는 자라는 동안 가정예배를 가정생활의 정상적 일부로 여기며, 나중에 어른이 되어서도 내가 쓴 이런 책을 통해 가정예배의 우선순위나 방법을 배울 필요가 없습니다. 훈육과 인내를 통해 당신은 집안의 귀한 전통을 가꾸게 되며, 그 전통이 대대로 이어질 수도 있습니다.

자녀의 나이 차이가 클 때는?

같은 가정의 자녀일지라도 자녀들의 발달 단계가 서로 다른 경우가 많습니다. 그런데 여기에는 어려운 점 못지않게 유익한 점도 많습니다. 가정예배의 3요소 가운데 발달 단계가 서로 달라 어려운 부분은 성경 읽기뿐이며, 찬송과 기도는 대체로 거의 누구나 할 수 있습니다. 성경을 함께 읽을 때는 반드시 연령별 수준에 맞추어 설명하고 적용해야 합니다. 조나단 에드워즈가 그랬듯이 각 자녀의 나이에 맞는 질문을 던지면 좋습니다. 큰 아이를 가르치는 동안 어린아이도 생각보다 많이 주워듣습니다. 큰 아이는 당신이 보여주는 행동을 통해 어린아이를 가르치는 법을 배웁니다. 그리고 나중에 자신이 가정을 이루었을 때 똑같이 할 수 있습니다.

자녀의 나이 차이가 큰 어떤 가정은 큰 아이들과 어린아이들을 나누어 가정예배를 두 번 드리기도 합니다. 또 어떤 가정은 번갈아 가며, 한 번은 큰 아이들에게 내용을 맞추고 다음번은 어린 아이들에게 맞춥니다.

자녀가 많은 집은 가정예배를 실천할 때 이런 고충이 따를 수 있습니다. 그래도 용기를 내십시오. 할 수 있습니다. 어떻게 아느냐고요? 지난 몇 세기의 기독교 가정들은 대개 지금보다 가족 수도 많고 연령층도 다양했습니다. 그런데도 그들은 지금의 기독교 가정들보다 대체로 가정예배에 더 충실했습니다. 이것이 우리도 할 수 있다는 증거입니다.

> 지난 몇 세기의 기독교 가정들은 대개 지금보다 가족 수도 많고 연령층도 다양했습니다. 그런데도 그들은 지금의 기독교 가정들보다 대체로 가정예배에 더 충실했습니다. 이것이 우리도 할 수 있다는 증거입니다.

집에 자녀가 없을 때는?

가정의 합심 기도를 언급한 베드로전서 3:7의 대상이 아버지들이 아니라 '남편'들임을 잊지 마십시오. 그러니까 가정예배는 부모만 아니라 부부에게도 해당됩니다. 물론 집에 자녀가 있으면 가정예배의 중요성이 배가됩니다. 차세대 그리스도인들에게 영

향을 미치기 때문입니다. 그러나 집에 자녀가 없다고 해서 가정
예배까지 없어도 된다고 정당화할 수는 없습니다. 젊은 신혼부
부에서부터 자녀가 모두 출가하여 둘만 남은 부부에 이르기까
지 그리고 그 중간의 모든 부부도 가정에서 꾸준히 하나님을 예
배하도록 부름 받았습니다. 하나님은 우리가 매일 드리는 가정
예배를 받으시기에 합당하신 분이기 때문입니다.

* * *

어느 경우에 처해 있든 명심할 것이 있습니다. 가정예배와 관련
된 모든 상황 중에서 예나 지금이나 그리스도인들이 이미 돌파
하지 않은 것은 없습니다. 가정예배를 어렵게 만드는 여건이 당
신에게만 있는 것이 아닙니다. 가정예배의 기쁨도 당신만 경험
하는 것이 아닙니다. 우리는 자신의 문제만 특이하다고 생각하
는 경향이 있습니다. 나의 상황만은 예외라는 엉뚱한 구실로 가
정예배를 피해 가려는 것이 우리의 육신입니다. 나는 학교에 다
니면서 야간 근무를 하는 학생이 낮에 일하는 배우자와 결혼한
사례를 여럿 보았습니다. 그들은 그 열악한 상황 속에서도 용케
짬을 내어, 현관에서 배턴 터치를 하듯이 함께 예배를 드렸습니
다. 함께 예배드리는 훈련이 그들의 연합을 공고히 해주었음은

두말할 필요가 없습니다. 어떻게든 부부의 연합을 깨뜨리려는 요인이 많고많은 중에 말입니다.

이 죄 많은 세상에서 가정예배를 방해하는 요인은 **어느 집에 나** 늘 생기게 마련입니다. 그 사실을 받아들여야 합니다. 사탄의 입장에서 보면, 가정예배를 드림으로 경험하는 축복이 너무 위험해서 막지 않고 그냥 둘 수 없습니다. 그럼에도 우리가 굳게 붙들어야 할 기본 진리가 있습니다. 하나님은 집집마다 매일 드리는 가정예배를 받으시기에 합당하신 분이라는 점입니다. 그 이유만으로라도 **오늘부터 당장 가정예배를 시작하십시오.**

5

영적 유익을
누리고 싶다면

오늘 시작하라

무엇보다 중요한 것은 가정예배다. 무슨 수를 써서라도 이것만은 계속 실천해
야 한다.
— 에롤 헐스 Erroll Hulse

하나님이 매일 당신의 가정예배를 받으시기에 합당하시다는 사
실은 오늘부터 우리가 가정예배를 실천해야 할 충분한 이유입
니다. 그 밖에도 생각해 볼 만한 좋은 동기들이 정말 많습니다.

- 자녀의 삶 속에 매일 복음을 말해 줄 수 있는 최고의 방법이다.
- 자녀가 **당신에게서** 꾸준히 하나님을 배울 수 있는 최고의 방
  법이다.
- 평소 자녀에게 하나님이나 신앙에 대해 늘 편안하게 질문할
  기회를 줄 수 있는 최고의 방법이다.
- **당신의** 신앙의 핵심을 자녀에게 전수할 수 있는 최고의 방법
  이다.

- 자녀가 부모의 지속적이고 긍정적인 신앙 모범을 실생활에서 볼 수 있는 최고의 방법이다.
- 자녀에게 실행 및 재생 가능한 모범을 보임으로써 훗날 결혼하여 가정을 꾸릴 때 기독교 가정다운 가정을 이루게 할 수 있는 최고의 방법이다.
- 가족들이 날마다 함께할 수 있는 최고의 방법이다.
- 이거야말로 당신이 정말 **원하는** 바가 아닌가?

가정예배를 시작하고 싶어 하는 남자들은 많습니다. 선뜻 결심이 서지 않아서 문제지요. J. W. 알렉산더는 『가정예배는 복의 근원입니다』에서 가정예배의 시작을 저어하는 8가지 흔한 반론에 답하면서, "나머지를 다 합한 것보다 더 강한 이유가 하나 있다"라고 지적했습니다. 바로—필시 혼잣말로—"솔직히 부끄러워서 못하겠다"라고 말할 때입니다.[1]

그런 남자는 가정에서 자신이 맡아야 할 영적 책임을 일단 자각한 것입니다. 그런데 오랜 세월 인도하지 않던 가정예배를 이제 와서 시작하자니 민망한 것입니다. 또는 가정예배를 매일 드리자고 하면 가족 중에 누가 비웃을 것 같아 걱정이 되기도 합니다. 어느 때는 자신이 가정예배를 잘 인도하지 못할까 봐 두렵습니다. 또는 전에도 이런 일을 시도했다가 흐지부지했기 때문에 창피합니다.

어떤 남자들은 가정예배를 시작하긴 해야겠는데 아내와 자녀에게 뭐라고 말해야 할지 몰라서, 순전히 그 난감함 때문에 주저하기도 합니다. 남자들이여, 이런 식으로 말해 보십시오. "내가 가정예배를 인도해야 하는 것이 성경의 가르침이라는 믿음이 생겼다. 그래서 오늘부터 당장 가정예배를 시작하고 싶다. 아직 배워야 할 것이 많지만 하나님이 원하시는 일이니 하고 싶다. 다들 함께하겠는가?"

야곱 같은 남자들

남편들과 아버지들이여, 창세기 35:2-3의 야곱처럼 결심하십시오.

야곱이 이에 자기 집안 사람과 자기와 함께한 모든 자에게 이르되 너희 중에 있는 이방 신상들을 버리고 자신을 정결하게 하고 너희들의 의복을 바꾸어 입으라. 우리가 일어나 벧엘로 올라가자. 내 환난 날에 내게 응답하시며 내가 가는 길에서 나와 함께하신 하나님께 내가 거기서 제단을 쌓으려 하노라.

야곱처럼 남자답게 작정하고 일어나, 집에서 하나님께 제단을 쌓고 싶다고 가족들에게 말하십시오. 이는 당신의 집을 하나님을 예배하는 곳으로 삼는다는 뜻입니다. 가족들에게 권하여, 함께 하나님을 예배하는 데 방해가 될 만한 것은 무엇이든(텔레비전과 인터넷 등) '버리게' 하십시오. 그들도 일어나 따르도록 당신이 앞장서서 하나님을 예배하십시오.

> 야곱처럼 남자답게 작정하고 일어나, 집에서 하나님께 제단을 쌓고 싶다고 가족들에게 말하십시오. 이는 당신의 집을 하나님을 예배하는 곳으로 삼는다는 뜻입니다. 가족들에게 권하여, 함께 하나님을 예배하는 데 방해가 될 만한 것은 무엇이든(텔레비전과 인터넷 등) '버리게' 하십시오. 그들도 일어나 따르도록 당신이 앞장서서 하나님을 예배하십시오.

존 패튼의 아버지

야곱처럼 결심했던 한 남자가 있습니다. 다시 선교사 존 패튼과 그의 아버지 이야기로 돌아가겠습니다. (문란하게 살던 여자가 그 집 창문 밑에서 가정예배를 듣곤 했었지요). 다음은 패튼이 학교에 진학하여 마지막으로 집을 떠나던 장면입니다. 그는 학업을 마치고 거기서 곧장 선교지로 향했습니다.

사랑하는 아버지는 처음 10킬로미터를 나와 함께 걸었다. 그 이
별의 여정에서 나눈 천상의 대화, 아버지의 조언과 눈물이 지금
도 내 마음속에 어제 일처럼 생생하다. 불현듯 그 장면이 떠오
를 때면 지금도 그때처럼 내 뺨에 주르르 눈물이 흐른다. 마지
막 1킬로미터쯤을 함께 걸을 때는 거의 침묵의 연속이었다. 아
버지는 으레 그렇듯이 손에 모자를 들었고, 긴 노란 머리(그때는
노랬는데 나중에는 눈처럼 희어졌다)가 소녀의 머리칼처럼 어깨까
지 풍성히 흘러내렸다. 아버지는 계속 입술을 달싹이며 나를 위
해 속으로 기도했다. 어떤 말로도 형용할 수 없는 눈빛을 띤 서
로의 시선이 마주쳤을 때 아버지는 하염없이 눈물을 흘리고 있
었다! 우리는 헤어질 곳에 이르러 걸음을 멈추었다. 아버지는
잠시 말없이 내 손을 꼭 잡고는 애정을 담아 진지하게 말씀했다.
"아들아, 하나님이 너에게 복을 주시기를 빈다! 이 아버지의 하
나님이 너를 형통하게 하시고 모든 악에서 지켜 주시기를 빈다!"
아버지는 말을 잇지 못하고 계속 입술만 달싹여 속으로 기도했
다. 우리는 눈물을 흘리며 끌어안은 뒤 헤어졌다. 나는 전속력
으로 뛰어가다가 길모퉁이에서 뒤돌아보았다. 거기만 돌아서면

아버지의 시야에서 내 모습이 사라질 터였다. 아버지는 헤어졌던 자리에 모자도 쓰지 않고 그대로 서서 눈길로 나를 좇고 있었다. 내 모자를 흔들어 작별을 고하고 모퉁이를 돌아서는 순간, 나는 아버지의 시야에서 사라졌다. 심장이 어찌나 터질 듯이 아리던지 더는 걸을 수가 없어 얼른 길섶으로 들어가 한참을 울었다. 그러다 가만히 일어나 제방에 올라 아버지가 헤어졌던 그 자리에 아직 서 계신지 보았다. 마침 그때 아버지도 제방에 올라 내 쪽을 바라보는 것이 어렴풋이 보였다!

아버지는 나를 발견하지 못하고, 한동안 내 쪽만 뚫어져라 바라보다 내려가 집 쪽으로 돌아서서 걸음을 뗐다. 여전히 모자를 쓰지 않았고, 가슴에는 분명히 나를 위한 기도가 계속 솟구쳤을 것이다. 나는 눈물로 쓰라린 눈으로 아버지의 모습이 완전히 사라질 때까지 보고 있다가, 걸음을 재촉하며 가슴 깊이 다짐하고 또 다짐했다. 하나님이 내게 이런 부모를 주셨으니 하나님의 도우심을 받아 부모님에게 결코 근심을 끼치거나 욕이 되지 않게 처신하고 살아가겠다고 말이다.

헤어질 때의 아버지의 모습, 조언과 기도와 눈물, 그 길과 제방, 아버지가 제방에 섰다가 돌아가던 광경. 이 모두가 평생 동안 수시로 내 머릿속에 생생히 떠올랐고, 이 글을 쓰고 있는 지금도 마치 한 시간 전의 일처럼 눈에 선하다. 그 작별의 모습은 특히 사방에 유혹이 많던 젊은 시절에 수호천사처럼 내 앞에 아른거렸다. 율법주의가 아니라 깊은 감사에서 우러난 증언이거니와, 그 장면의 기억이 하나님의 은혜로 나를 만연한 죄로부터 순결하게 지켜 주었다. 아울러 그것이 자극제가 되어 모든 학업 중에도 아버지의 바람에 어긋나지 않을 수 있었고, 그리스도인의 모든 직무에서도 아버지의 훌륭한 모범을 충실히 따를 수 있었다.[2]

패튼이 아버지와 아버지의 모범을 그토록 사랑하게 된 것은 무엇 때문이었을까요? 그에게 직접 들어 보겠습니다.

가정예배 시간마다 아버지의 기도가 내게 얼마나 깊은 감명을 주었는지 차마 말로 설명할 수 없고, 남들은 알 수도 없다. 그 시간에 온 가족이 둘러앉아 무릎을 꿇으면 아버지는 이교의 세계가 회심하여 예수님을 섬기게 해달라고 눈물로 자신의 영혼을 다 쏟아부었고, 개인과 가정의 모든 필요도 기도로 아뢰었다. 그러면 우리 모두는 마치 살아 계신 구주의 존전에 있는 것처럼 느껴졌고, 하나님이신 그분을 친구로서 알고 사랑하는 법을 배웠다. 자리에서 일어날 때면 으레 아버지의 얼굴의 광채를 보며 나도 영적으로 아버지처럼 되고 싶었다. 아버지의 기도가 응답되어, 내가 준비된 모습으로 복된 복음을 들고 이교 세계의 한 모퉁이에라도 나가는 특권을 누리고 싶었다.[3]

릭 허즈번드

우주왕복선 컬럼비아호의 기장이었던 릭 허즈번드[Rick Husband]도 야곱처럼 결심한 남자였습니다. 2003년 2일 1일, 우주선이 플로리다 착륙을 불과 16분 남겨 두고 텍사스 상공에서 폭발하여 분해되는 바람에, 그를 비롯한 우주비행사 7명이 목숨을 잃었습니다. 참사가 발생한 그 이튿날, 45세의 허즈번드와 동료 우주비행사 마이크 앤더슨[Mike Anderson]의 추도 예배가 그들이 다니던 휴스턴 그레이스 커뮤니티 교회에서 열렸습니다. 예배 시간에 상영된 영상물에서 허즈번드는 이렇게 말했습니다.

생이 다하는 날, 내가 우주비행사로 사느라 가정을 희생했거나 내 인생으로 하나님을 영화롭게 하지 못했다면, 나는 인생을 돌아보며 후회할 것이다. 그날, 우주비행사가 된 일은 정말 그다지 중요하지 않을 것이다. 결국 내가 깨달은 사실이 있다. 나에게 가장 중요한 일은 인생을 하나님이 원하시는 대로 살려고 노력하는 것과 에블린에게 좋은 남편이 되고 자녀들에게 좋은 아버지가 되려고 노력하는 것이다.[4]

좋은 남편과 아버지가 되려는 그의 결심은 말로 끝나지 않았습니다. 승무원 검역소로 떠나기 일주일 전에 기장 허즈번드는 아내 에블린에게 이렇게 말했습니다. "내가 우주에 나가 있는 동안 로라와 매튜가 매일 볼 수 있도록 영상을 하나씩 만들어 주고 싶소. 내가 자기들을 얼마나 사랑하는지 아이들이 알았으면 좋겠소. 날마다 자기들을 생각하리라는 것도 말이오."[5]

그 당시 일곱 살이던 아들에게 그가 남긴 영상물은 이런 말로 시작됩니다.

매튜야, 안녕. 아빠가 너를 얼마나 사랑하는지 말해 주고 싶었다. 이 비디오를 만든 건 아빠가 우주에 나가 있는 동안 우리 둘이 날마다 경건의 시간을 갖기 위해서야. 여기 있는 네 묵상 책으로 1월 16일 자부터 시작한다. 그날 우리 우주선이 발사되니까. 지금부터 이 책과 성경 본문을 날짜별로 읽으면서 순서대로 쭉 해나갈 거다. 마치 너랑 나랑 여기 소파에 함께 앉아 있는 것

처럼 말이야. 아빠가 이렇게 하는 건 너를 무진장 사랑하기 때문이야. 로라 것도 따로 만들 거다.[6]

비디오에 담긴 18일분의 묵상 시간이 오늘 그 가정에 얼마나 소중하겠습니까? 당신이 가족들에게 남기고 싶은 유산도 **이런** 게 아닐까요? 가정예배야말로 당신이 정말 **원하는** 바가 아닐까요?

결단하라

남편들과 아버지들이여, 이 본분과 막대한 특권을 여태 소홀히 했다면 회개하고 오늘부터 가정예배를 시작하십시오. 앞서 말했듯이 아내나 자녀에게 시작하자는 말을 꺼내기가 어색할 수 있습니다. 하나님이 가정예배를 인도할 책임을 나에게 깨우쳐 주셨다고, 그래서 오늘밤에라도 시간을 내서 당장 시작하고 싶다고 말하십시오. 거의 확신하건대 당신의 아내는 그 말을 듣고 상상 이상으로 감격할 것입니다. 자녀들은 그만한 열의를 보일 수도 있고 아닐 수도 있겠지만, 그것은 정말 중요하지 않습니다. 자녀들의 관심이 적을수록 그만큼 더 당신의 집에 가정예배가 필요합니다.

주께서 당신을 도우실 것입니다. 성령으로 낳으신 아들들에게 이 직무를 명하신 주님은 반드시 이를 수행할 만한 성령의 능력도 주십니다. 복음을 통해 당신을 그리스도께로 이끄신 아버지께서 성령으로 당신을 강건하게 하셔서 경건한 남자의 역할을 다하게 하실 것입니다.

가족들이여, 야곱 집안 사람처럼 자원하는 심령을 품으십시오. 야곱이 가정을 인도하여 하나님을 예배하려고 자기를 따르라고 했을 때, 그들은 이렇게 호응했습니다. "그들이 자기 손에 있는 모든 이방 신상들과 자기 귀에 있는 귀고리들을 야곱에게 주는지라. 야곱이 그것들을 세겜 근처 상수리나무 아래에 묻고"(창 35:4). 가정예배를 드리자는 말에 당신도 똑같이 흔쾌히 따르기를 바랍니다. 당신에게 하나님의 복이 임하게 하려는 남편이나 아빠를 격려해 주십시오. 하나님께 순종하려는 그의 노력에 걸림돌이 되지 않기를 부탁드립니다.

미혼 남성들이여, 약혼하는 날로부터 약혼녀와 함께 예배를 드리기로 결심하십시오. 처음부터 결혼을 가정예배의 기초 위에 세우십시오. 이것이 거룩한 남편 노릇입니다. 기혼 남성들의 말마따나, 결혼식 이전부터 함께 하나님을 예배하는 것이 결혼생활의 일과와 습성이 굳어진 뒤에 시작하는 것보다 훨씬 쉽습니다. 결혼하기 전부터 가정예배를, 둘이 함께하는 삶의 일부로 정착시키십시오. 그러면 결혼 후에도 가정예배를 지속할 가망이 훨씬 높습니다.

미혼 여성들이여, 매일 예배를 인도하며 당신과 함께 기도할 마음이 없는 남자와는 결혼하지 않기로 결심하십시오. 결혼 전에 영적으로 당신을 이끌지 않을 남자라면 결혼 후에도 그럴 가망이 별로 없습니다. 당신과 결혼하려고 관심을 보이는 남자가 있거든, 당신의 삶과 미래의 자녀들의 삶을 그에게 맡기기 전에 가정예배에 대해 대화해 보십시오.[7]

자녀가 모두 출가하여 둘만 남은 부부들이여, 지금부터라도 가정예배를 실천하여 당신이 여전히 하나님을 배울 수 있고 여전히 회개할 수 있음을 성인 자녀에게 보여주십시오. 여태 자녀에게 가정예배를 통해 해주지 못한 일을 후회할 것이 아니라, 이제라도 시작하여 당신이 그리스도인으로서 계속 성장하고 있다는 모범을 보이십시오. 이를 본받아 당신의 성인 자녀 역시 가정예배를 시작할 수 있을 것입니다. 자녀들이 결혼했다면 즉시 각자의 집에서 당신의 본을 배우고 따를 수 있습니다. 자녀가 집에 다니러 올 때마다 본보기로 꼭 가정예배를 드리기를 권합니다.

남편들과 아버지들이여, 이 본분과 막대한 특권을 여태 소홀히 했다면 회개하고 오늘부터 가정예배를 시작하십시오.

가족들이여, 야곱 집안 사람처럼 자원하는 심령을 품으십시오.

미혼 남성들이여, 약혼하는 날로부터 약혼녀와 함께 예배를 드리기로 결심하십시오.

미혼 여성들이여, 매일 예배를 인도하며 당신과 함께 기도할 마음이 없는 남자와는 결혼하지 않기로 결심하십시오.

자녀가 모두 출가하여 둘만 남은 부부들이여, 지금부터라도 가정예배를 실천하여 당신이 여전히 하나님을 배울 수 있고 여전히 회개할 수 있음을 성인 자녀에게 보여주십시오.

복음을 기억하라

분명히 말하지만 가정예배에 충실히 참여하는 것이 곧 복음은 아닙니다. 하나님과의 바른 관계는 가정예배를 실천하거나 가족을 극진히 사랑하고 부양한다고 해서 되는 일이 아닙니다. 그 밖의 어떤 행위라도 마찬가지입니다. 복음—하나님과의 바른 관계로 인도하는 메시지—이란 하나님이 예수 그리스도의 삶과 죽음과 부활과 승천을 통해 우리에게 해주신 일에 관한 진리입니다. 이 메시지에 반응하는 가장 중요한 방법은 가정예배에 참여하는 것이 아니라, 하나님께 지은 자신의 죄를 우선 회개하고 예수께서 하나님과의 관계를 바르게 해주실 수 있음을 믿는 것입니다. 그러나 하나님이 예수 그리스도를 통해 이루신 일에 관한 기쁜 소식을 날마다 대대로 선포하며 대화하는 가정은 복된 가정입니다.

남이야 어떻게 하든, 다음의 말씀에 도전받은 모든 남편과 모든 아버지와 모든 그리스도인은 반드시 그대로 헌신해야 합니다. 가정예배를 통해 "오직 나와 내 집은 여호와를 섬기겠노라"(수 24:15).

부록

소그룹을 위한
토의 질문

1. 나와 내 집은 여호와를 섬기겠노라 – 성경 속 가정예배

Q1 구약 시대에 가정예배가 담당했던 역할에 대해 이번 장에서 배운 내용은 무엇입니까?

Q2 구약 성경에서 가정예배의 필요성을 강력하게 논증하는 본문들은 어디입니까?

Q3 신약 성경에서 가정예배의 필요성과 관련하여 당신이 보기에 중요한 본문들은 어디입니까?

Q4 가정예배와 관련하여 이 책에서 살펴본 것 외에 생각나는 성경 본문이나
    교리가 있습니까?

Q5 가정예배를 주도하고 시행할 책임이 남편이나 아버지에게 있음을 보여주
    는 핵심 성경 구절은 무엇입니까?

Q6 성경이 왜 가정예배를 인도할 책임을 남편이나 아버지에게 맡긴다고 생각
    하십니까?

2. 개혁은 가정예배에서부터 — 교회사 속 가정예배

Q1 교회사에 나타난 위대한 그리스도인들이 실천한 가정예배에서 가장 감동
    이 된 내용은 무엇입니까?

Q2 스코틀랜드 교회의 『가정예배 모범』에는 가정예배를 인도하지 않는 남자
    들은 교회의 치리를 받도록 되어 있습니다. 그 이유는 무엇입니까?

Q3 매튜 헨리가 가정예배에 대해 "개혁은 여기서부터 시작되어야 한다"라고
    말한 이유는 무엇일까요?

Q4 본문에 소개한 내용 가운데 여태까지 가정예배라는 주제로 나온 책 중 가장 손꼽히는 책은 무엇입니까? 가정들은 그 책을 읽고 어떤 유익을 얻을 수 있습니까?

Q5 본문에 소개된 위대한 그리스도인들이 이구동성으로 말하는 듯한 가정예배의 유익을 몇 가지 이야기해 보십시오.

Q6 당신이 보기에 가정예배를 실천하는 것이 지금보다 과거에 더 쉬웠습니까? 아니면 더 어렵거나 똑같았습니까? 어떤 면에서 그렇습니까?

3. 읽고, 기도하고, 찬송하라   – 가정예배의 기본 요소

Q1 가정예배의 3대 기본 요소는 무엇입니까?

Q2 자녀와 함께 성경을 읽는 부분에서 당신에게 도움이 된 제안은 무엇입니까?

Q3 자녀와 함께 성경을 읽을 때 삼가야 할 일은 무엇무엇입니까?

Q4 본문에 소개된 내용 외에, 가정예배 중 기도에 활용할 만한 것이 있다면 이야기해 보십시오.

Q5 본문에 소개된 내용 외에, 가정예배 중 찬송에 활용할 만한 것이 있다면 무엇입니까?

Q6 가정예배 모임에 선택 사항으로 추가할 수 있는 요소는 어떤 것들입니까?

Q7 가정예배 중 교리교육은 어떻게 이루어지며 유익은 무엇무엇입니까?

Q8 가정예배 중 함께 성경을 암송하려는 가정에게 어떤 실제적 조언을 해줄 수 있겠습니까?

Q9 가정예배에서 읽을 만한 책으로 떠오르는 것들이 있습니까?

Q10 가정예배의 3대 기본 요소에 적합한 시간은 각각 얼마나 되겠습니까?

Q11 가정예배를 매일 일정한 시간에 드리는 것이 왜 중요합니까?

Q12 가정예배를 언제 얼마 동안 드릴 것인지에 대해 융통성이 필요하면서도
    주의를 해야 하는 이유는 무엇입니까?

4. 상황별 가정예배 – 이럴 때는 어떻게 예배할까?

Q1 아래 열거한 상황별 가정예배에서 명심해야 할 사항들은 무엇입니까?

- 아버지가 그리스도인이 아닐 때는?
- 아버지가 없는 가정은?
- 자녀가 아주 어릴 때는?
- 자녀의 나이 차이가 클 때는?
- 집에 자녀가 없을 때는?

Q2 가정예배를 드리기 어렵게 하는 다른 여건들로는 무엇이 있습니까?

Q3 가정예배의 고충이 아주 많을 수 있는데, 왜 그중에 '나만의 특이한' 예외 사항은 하나도 없을까요?

5. 영적 유익을 누리고 싶다면 – 오늘 시작하라

Q1 가정예배를 드림으로써 얻는 실제적 유익은 무엇무엇입니까?

Q2 가정예배를 시작하고 싶은 남자가 아내와 가족들에게 할 수 있는 말은 무엇입니까?

Q3 가정예배를 시작하고 싶은 남자가 해서는 안 될 말은 무엇입니까?

Q4 아내나 자녀가 남편이나 아버지에게 가정예배를 시작하자고 간청할 때 할 수 있는 말은 무엇입니까? 또한 해서는 안 될 말은 무엇입니까?

Q5 집집마다 가정예배를 시작하고 지속하도록 지역교회가 도울 수 있는 방법은 무엇이겠습니까?

Q6 미혼 성인들이 결혼 상대에게 헌신하기 전에 먼저 가정예배에 헌신하는 것은 왜 중요합니까?

Q7 가정예배와 관련하여 하나님이 지금 당신에게 원하시는 일 한 가지는 무엇입니까?

"오직 나와 내 집은 여호와를 섬기겠노라"(수 24:15).

주

머리말

1 Joel Beeke, *Family Worship* (Grand Rapids, MI: Reformation Heritage, 2002), 3. (『가정예배』 고려서원)

2 C. H. Spurgeon, "A Pastoral Visit," *Metropolitan Tabernacle Pulpit,* vol. 54(London: Passmore and Alabaster, 1908; repr., Pasadena, TX: Pilgrim, 1978), 362-63.

3 바나 리서치 그룹에서 실시한 조사(2003년 5월 6일)로 "Current Thoughts and Trends" 19, no.7(2003년 7월), 21에 인용되었다. 그동안 세월이 적잖이 흘렀으니 지금 다시 조사한다면 통계적으로 유의미하게 더 나은 결과가 나올까? 어쨌든 가장 중요한 물음은 부모들 전반이 어떻게 하고 있는지가 아니라 우리 자신이 평소에 가족과 함께 "종교적 주제로 대화하거나 신앙적 자료를 공부하는 데 들이는 시간"이 있는가, 그리고 가족의 "신앙 훈련을 전부 교회가 맡아 주기

를" 바라고 있지는 않은가 하는 것이다.

4 이 책에서 '가정'이라는 단어를 대할 때 어린 자녀를 둔 부모들만 떠올려서는 안 된다. 자녀가 집에 함께 사는 가정들에 강조점을 둔 것은 맞지만, 그 경우에도 신생아에서 십대 후반까지 모든 연령대의 자녀가 다 포함된다. 나아가 이 책은 본래 자녀가 없거나 다 커서 집을 떠난 가정들을 위한 것이기도 하다. 아울러 이 책의 내용은 미혼자들의 결혼 준비에도 적용된다.

1. 나와 내 집은 여호와를 섬기겠노라

1 C. H. Spurgeon, "Restraining Prayer," *Metropolitan Tabernacle Pulpit*, vol. 51(London: Passmore and Alabaster, 1905; repr., Pasadena, TX: Pilgrim, 1978), 327.

2 창세기 14:18-20에 나오는 멜기세덱이 드문 예외가 될 것이다. 아브라함을 축복한 이 정체불명의 인물은 그리스도의 예표이기도 하다(시 110:4, 히 5:6, 10; 6:20; 7:1, 10-11, 15, 21도 참조하라).

3 KJV, NASB, NKJV, HCSB.

4 NIV.

5 그분의 기도에 그렇게 예시되어 있다. "그들을 진리로 거룩하게 하옵소서. 아버지의 말씀은 진리니이다"(요 17:17).

6 C. H. Spurgeon, "Hindrances to Prayer," *Metropolitan Tabernacle Pulpit*, vol. 20(London: Passmore and Alabaster, 1874; repr., Pasadena, TX: Pilgrim, 1981), 506.

7 Matthew Henry, *Matthew Henry's Concise Commentary*(Oak Harbor, WA: Logos Research Systems, 1997), 창세기 12:6.

2. 개혁은 가정예배에서부터

1 Lyman Coleman, *The Antiquities of the Christian Church*(Andover and New York: Gould, Newman & Saxton, 1841), 376-77.

2 Tertullian, *Ad uxorem* ("To my wife"), bk. 2, ch. 8; 다음 웹사이트에서 볼 수 있다. http://www.tertullian.org/works/ad_uxorem.htm, "The Tertullian Project," 2014년 12월 1일 접속.

3 Philip Schaff, *Nicene and Post-Nicene Christianity: A.D. 311-600*, vol.3 of *History of the Christian Church*(Grand Rapids, MI: Eerdmans, 1910), 545. (『필립 샤프 교회사 전집 3: 니케아 시대와 이후의 기독교』 크리스천다이제스트)

4 Martin Luther, "Lectures on Genesis: Chapters 21-25," *Luther's Works*, ed. Jaroslav Pelikan(Saint Louis, MO: Concordia, 1964), 384.

5 John Knox, "A Letter of Wholesome Counsel, Addressed to His Brethren in Scotland, 1556," *The Works of John Knox*(Edinburgh: Banner of Truth, 2014),

4:137.

6 이들 두 교단이 가정예배에 관한 진술을 하필 신앙고백에 넣었다는 사실이 특히 흥미롭다. 대개 교단이 신앙고백에 적시하는 내용은 공통의 **신조**이며, 공동으로 합의된 **활동**(서로를 위한 헌신적 사랑과 기도 등)은 교회 서약이라는 문건에 넣는다. 이들 초기의 장로교도들과 침례교도들은 가정예배가 활동인데도 그 **실천을 필수로 여겨 교리 진술 속에 못 박아 놓았다.**

7 웨스트민스터 신앙고백 22.6항과 1689년의 런던 신앙고백 21.6항. (굵은 글씨는 저자가 강조한 것이다.)

8 *The Directory for Family Worship*, 주해판(Greenville, SC: Greenville Presbyterian Theological Seminary, 1994), 2. (「진리의 깃발」 통권 62호에 "가정예배 모범"[김준범 번역]이 수록되어 있으며, 본문에 인용한 대목의 번역문도 여기서 옮겨 왔다. -옮긴이)

9 Horton Davies, *The Worship of the English Puritans*(Morgan, PA: Soli Deo Gloria, 1997), 278.

10 J. I. Packer, *A Quest for Godliness: The Puritan Vision of the Christian Life*(Wheaton, IL: Crossway, 1990), 270.

11 Richard Baxter, "A Disputation, Whether the Solemn Worship of God in and by Families as Such, Be of Divine Appointment," *The Practical Works of Richard Baxter, vol.1: A Christian Directory*, repr. ed.(Ligonier, PA: Soli Deo Gloria, 1990), 415, 417. (『하나님의 가정』 복 있는 사람, *A Christian*

Directory 중 가정에 관한 부분 발췌 번역)

12 같은 책.

13 "Memoirs of Matthew Henry, As Written by a Contemporary: S. Palmer," *Matthew Henry's Commentary on the Whole Bible*(Old Tappan, NJ: Revell, 연도 미상), 1: vii.

14 *The Complete Works of the Rev. Matthew Henry*(Grand Rapids, MI: Baker, 1979), 1:258.

15 같은 책, 260-61.

16 같은 책, 260.

17 George M. Marsden, *Jonathan Edwards: A Life*(New Haven, CT: Yale University Press, 2003), 133. (『조나단 에드워즈 평전』 부흥과개혁사)

18 같은 책, 321.

19 같은 책, 133.

20 "The Necessity and Excellence of Family Religion," *Sermons of the Reverend Samuel Davies*(Morgan, PA: Soli Deo Gloria, 연도 미상), 2:86.

21 J. W. Alexander, *Thoughts on Family Worship*(1847; repr. Morgan, PA: Soli

Deo Gloria, 1998), v. (『가정예배는 복의 근원입니다』 미션월드라이브러리)

22 같은 책, 145.

23 C. H. Spurgeon, "A Pastoral Visit," *Metropolitan Tabernacle Pulpit*, vol. 54(London: Passmore and Alabaster, 1908; repr., Pasadena, TX: Pilgrim, 1978), 362-63.

24 어떤 사람들은 스펄전이 우리보다 훨씬 간소한 시대에 살았으므로 오늘의 그리스도인들보다 가정예배를 실천할 시간적 여유가 더 많았다고 생각할지 모른다. 그러나 내가 박사학위 논문을 쓰면서 스펄전의 생애와 목회 사역을 심층 연구한 결과, 그렇지 않다고 단언할 수 있게 되었다. 스펄전의 자서전은 물론이고 직접 목격한 많은 사람이 증언해 주듯이 그는 (1) 당시로서는 세계에서 가장 큰 복음주의 교회에서 목회했고(활동하는 교인만 6천 명 이상), (2) 거의 매일 설교했고, (3) 주간 간행물들에 실릴 자신의 설교를 편집했고, 그리하여 (4) 영어권에서 단일 작가로는 가장 방대한 양의 전집(*Metropolitan Tabernacle Pulpit* 총 64권)을 출간했고, (5) 그 외에도 120권의 책을 집필했고(성인기 전체 동안 4개월에 한 권꼴), (6) 66가지 사역을 관할했고(자신이 설립한 목회자 대학 등), (7) 월간지(*The Sword and the Trowel*)를 편집했고, (8) 대체로 매주 5권씩 책을 읽고 그중 여럿을 자신의 잡지에 비평했고, (9) 펜에 잉크를 찍어 매주 500통의 편지를 썼다. 하나님은 스펄전에게 비범한 작업 능력과 생산성을 주셨다. 하지만 이런 끊임없는 살인적 일정에도 불구하고 그는 날마다 저녁 여섯 시면 오늘날의 누구도 따라가기 힘든 업무 목록을 제쳐 두고 아내와 쌍둥이 아들과 마침 집에 와 있던 모든 사람을 모아 놓고 가정예배를 드렸다.

25 C. H. Spurgeon, *C. H. Spurgeon's Autobiography*, comp. Susannah Spurgeon & J. W. Harrald(London: Passmore and Alabaster, 1899; repr., Pasadena, TX: Pilgrim, 1992), 64.

26 Arnold Dallimore, *Spurgeon: A New Biography*(Edinburgh: Banner of Truth, 1985), 178-79. (『찰스 스펄전』 복 있는 사람)

27 John G. Paton, *Missionary to the New Hebrides*(London: Banner of Truth, 1965), 14-15.

28 Iain Murray, *D. Martyn Lloyd-Jones, The Fight of Faith: 1939-1981*(Edinburgh: Banner of Truth, 1990), 763. (『마틴 로이드 존스: 중기 1939-1959』 청교도 신앙사)

29 Erroll Hulse, "The Importance of Family Worship," *Reformation Today*, 1986년 11-12월호: 9.

30 D. A. Carson, *A Call to Spiritual Reformation*(Grand Rapids, MI: Baker, 1992), 23. (『바울의 기도』 복 있는 사람)

31 John Piper, *Pierced by the Word*(Sisters, OR: Multnomah, 2003), 73. (『내 영혼을 강건하게 하는 주의 말씀』 디모데)

32 Jonathan Edwards, *The Complete Works of Jonathan Edwards*, ed. Edward Hickman, 2 vols.(London, 1834; repr., Edinburgh: Banner of Truth, 1974), 1:ccvi.

1 Jerry Marcellino, *Rediscovering the Lost Treasure of Family Worship*(Laurel, MS: Audubon Press, 1996).

2 자녀가 어린 경우, 연령대에 맞게 다듬은 성경을 선호하는 부모들도 있다.

- 학령기 이전의 자녀를 위한 그림 성경으로는 시종일관 복음을 강조한 다음 책이 좋다. David R. Helm, *The Big Picture Story Bible*(Wheaton, IL: Crossway, 2014). (『큰 그림 이야기 성경』 부흥과개혁사)

- 4-8세의 자녀를 둔 부모라면 그리스도 중심으로 접근한 다음 책이 고마울 것이다. Sally Lloyd-Jones, *Jesus Storybook Bible: Every Story Whispers His Name*(Grand Rapids, MI: Zonderkidz, 2012). (『스토리 바이블』 두란노)

- 초등학생 자녀를 둔 부모에게는 같은 이유에서 다음 책이 유익한 대안이 될 것이다. Marty Machowski, *Gospel Story Bible: Discovering Jesus in the Old and New Testaments*(Greensboro, NC: New Growth, 2011).

- 다음 책은 1935년 출간된 이래로 무수히 많은 가정에서 4-10세의 자녀에게 이야기 위주의 모든 성경 본문을—대체로 약간 줄이거나 요약된 형태로—읽어 주는 데 유익했다. Catherine Vos, *The Child's Story Bible*(Grand Rapids, MI: Eerdmans, 1935). (『이야기 성경』 주니어지평)

- 최근에 나온 아동용 이야기 성경으로는 다음 책이 있다. Kevin DeYoung, *The Biggest Story*(Wheaton, IL: Crossway, 2015). (『세상에서 가장 위대한 이야기』 성서유니온선교회)

3 성경으로 기도하기에 대한 자세한 내용은 다음 책을 참조하라. Donald S. Whitney, *Praying the Bible*(Wheaton, IL: Crossway, 2015). (『오늘부터, 다시, 기도』 복 있는 사람)

4 기도(시 65:2), 시와 찬송과 신령한 노래를 부르는 일(골 3:16, 엡 5:19), 성경
   을 읽고(딤전 4:13) 전파(설교)하는 일(딤후 4:2), 세례(마 28:19-20), 성만찬
   (고전 11:23-26) 등이다.

5 C. H. Spurgeon, "The Happy Duty of Daily Praise," *Metropolitan Tabernacle
   Pulpit*, vol. 32(London: Passmore and Alabaster, 1886; repr., Pasadena, TX:
   Pilgrim, 1986), 289.

5. 영적 유익을 누리고 싶다면

1 J. W. Alexander, *Thoughts on Family Worship*(1847; repr. Morgan, PA: Soli
   Deo Gloria, 1998), 151. (『가정예배는 복의 근원입니다』 미션월드라이브러리)

2 John G. Paton, *Missionary to the New Hebrides*(London: Banner of Truth,
   1965), 25-26.

3 같은 책, 21.

4 "Rick Husband, Mike Anderson 'fervently lived for God,'" *Baptist Press*(블로
   그), 2003년 2월 3일. http://www.bpnews.net/15150.

5 Evelyn Husband with Donna VanLiere, *High Calling*(Nashville: Thomas
   Nelson, 2003), 2.

6 같은 책, 222.

7 아직 결혼하지 않은 딸을 둔 아버지라면, 어떤 남자가 딸과 결혼하려고 관심을 보이거든 적절한 시점에 반드시 가정예배에 대해 그와 대화하라.

성경 구절 찾아보기